U0143030

智慧學校校長
科技領導

理論實務與案例

張奕華、吳權威、曾秀珠、張奕財、陳家祥———著

五南圖書出版公司 印行

推薦序一

　　在資訊科技高度發展的浪潮之下，學校多元創新的教學與評量方式蔚為風尚。為引導學生適性學習，成就每一個孩子，應用資訊科技於課堂並以學生學習為中心的「智慧教學」已是世界趨勢，「智慧學校」的蓬勃發展，指日可待。

　　「智慧教學」結合雲端運算系統以及數位載具，打造師生教與學的平臺，從傳統以教師「教」為主的教學模式，轉化為強調學生如何「學」的教學，教師透過多元創新的教學設計，激發學生學習動機，引導學生善用科技於學習情境，藉由豐富的學習資源、科技支持與服務，提供即時的學習評量結果與雲端診斷分析，進而實施補救教學，提升學習成效。

　　在智慧教學的課堂中，教師與學生同儕之間有更多的互動、討論與交流的機會，藉以激發學生自主思考與合作學習的能力，此種有別於傳統的教學模式，教師須改變教學策略，學生也要適應不同的學習模式。為有效推展智慧教學，校長必須發揮「科技領導」的角色，建立學校本位的科技願景，整合資源，強化溝通，塑造一個能夠共享並支持教學的校園文化與環境；協助教師專業成長，鼓勵教師投入智慧創新教學設計，並能善用科技、整合科技於課程教學中，將學校營造成為「智慧學校」，提升學生學習品質及辦學績效。

　　新課綱業於108學年度正式實施，重視「素養導向」的教學，在「核心素養」之「溝通互動」面向，期盼培養學生具備善用科技、資訊與媒體的能力，培養媒體識讀及相關倫理之素養。為達到此一素養目標，提升我國未來人才的競爭力，新課綱將科技領域獨立，以培養學生「做、用、想」的能力，使其具備21世紀所需的科技素養。教育部為使新課綱科技領域課程能順利實施，透過各單位協作，從師資盤點及增能規劃、課程與教學準備、設備整備及預算籌編等三大面向，完整的配套準備為新課綱科技領域實施建立基礎。

智慧學校以「環境」、「教材」與「教法」三位為一體的教育發展模式，藉由科技與課程教學的整合、教學的創新，開啟智慧教育希望工程，讓班班都是智慧教室，每節課都是智慧課堂，打造一個學習型的智慧學校，讓學習有更豐富的內涵和成效，從而提升教育競爭力，完善每個孩子的學習願景。

　　本書從智慧學校、校長科技領導的理論剖析，到實務現場的案例分析，說明智慧學校與校長科技領導對於現代化智慧教學的重要性。並以國內外智慧學校的案例分析，提出智慧學校在發展過程可能面對的難題與建議，提供校長在帶領學校往智慧化邁進時的參據。真心推薦本書給對智慧教育滿懷熱情的讀者，一窺智慧教育在理論與實務現場的發展與進程，為我國的學子創造嶄新的學習環境，共同為教育而努力。

教育部國民及學前教育署署長

彭富源　謹致

推薦序二

　　我國108課綱以「成就每一個孩子—適性揚才、終身學習」為願景，以學生為學習的主體，並以素養導向教育為核心，適性、適切的培育我們的下一代，讓每一個孩子對學習有渴望，對創新擁有勇氣，期許每個學生皆能成為具有社會適應力與應變力的終身學習者！

　　隨著資訊科技的蓬勃發展，現代社會已經無法脫離科技化的生活。資訊除了能帶來生活上的便利，更能提升工作的效率與效能。在教育之中，科技的應用更是大勢所趨，領導者若能妥善應用科技領導，不僅能改善教師教學方法、提升學生學習成效，更能改善整體行政效率與效能。因此科技領導的實踐已成為校園中重要的運作指標。

　　科技領導者是學校團隊中的激勵者、示範者、分享者、溝通者與資源提供者；同時也應具備智慧領導的特質，具備專業能力並善用領導技巧，以激勵團隊邁向共同願景，使學校同仁能夠活用資訊科技，致力於組織目標的達成。而在教室中，傳統的課堂與單向講述式之教學將不再適用，對於創新教學的追求使智慧教育應運而生，教師應追求教學創新，即採用多元化的教學方式與豐富的課程內容，期能激發學生的學習興趣，培養學生自主學習的態度。從教師改變傳統思維開始，進行學生為本的教學設計、到建置資訊互動設備的智慧教室，進而就能發展成為將教學創新、行政管理、成效評量能連結一體的智慧學校。

　　本書中，詳盡介紹智慧學校的意涵、國內外的智慧學校之發展案例，清楚地呈現智慧學校的發展進程，以及校長應如何運用科技領導將智慧化教育實踐於實務現場，其中北新國小的智慧閱讀愛渴力（I-CLEAR）整合推動模式為一案例分析，展現出創新教學的嶄新樣態，藉由科技領導與課程教學的整合，實踐智慧教育，讓校園中班班都是智慧教室，每節課都是智慧課堂，成功打造為一所學習型的智慧學

校！對於懷抱教育熱忱與創新理念的讀者，本書將是實踐打造智慧學校的最佳指南。

111教育發展協進會 理事長（教育部國民及學前教育署 前署長）

吳清山 謹致（識）

作者序

在現代化的社會中，新一代「數位原住民」所接觸的資訊媒介皆是智慧型手機與電腦，因此在傳統環境下的教學已經無法符合他們的資訊接收方式，教師需要跳脫傳統教學模式，並善用科技輔具以達成創新化的教學互動，以此激發學生自我導向的學習動機，提供學生更多適性學習的機會。

又我國十二年國民基本教育課程綱要提到學生必須具備三面九項的核心素養，其中科技資訊與媒體素養面向說明學生應具備善用科技、資訊與各類媒體之能力，培養相關倫理及媒體識讀的素養，因此智慧教育的發展與推進更是刻不容緩，務必讓學生盡早培養期資訊素養，與世界快速接軌。

而在智慧教育的發展進程中，從過去的投影設備，到互動式智慧教室的生成，至最後智慧學校的出現，都為教室生態帶來極大的改變。學生在教室中的學習模式已不同於過往，僅止於單方面的接收，而是能以手上的科技輔具與老師和同儕進行互動、討論和交流，激發學生的自主思考與合作學習能力。同時以雲端診斷分析讓學生能立即得到反饋，便能更快速且明確的進行教學內容之補強以提升學習之成效。

我們在發展智慧學校之際，校長科技領導甚為重要，本書介紹了科技領導之實證研究，以分析其與智慧教學發展之間的關係，說明科技領導者應顧及人際互動、願景塑造、硬體建置、成員發展與評鑑研究等面向，帶領學校成員從傳統的教學文化中，一步一步轉型為智慧創新、學生為本的現代化教學模式。唯有在體制層面以科技領導進行資源整合並強化人際溝通，硬體層面的建置才能達到其最大的效用，翻轉實務現場之校園環境，進而提升學校行政效率與學生學習成就。

本書由智慧學校與校長科技領導之定義與內涵開啟篇章，並以校長科技領導之實證研究闡明其對於智慧教育之重要性。再以智慧學校校長之實際案例說明校長在智慧校園中，如何在不同的實務面向下發展其

科技領導之影響力，再提出智慧學校在發展過程中可能遇到的困境與問題，提供相關之解決方法與建議。

　　感謝所有關心智慧教育的同仁，你們對於智慧教育發展的深刻關注，是我們能持續研究與寫作的源頭活水，未來對於智慧教育的發展必將孜孜不倦，持續深入。希望此書能協助讀者對於智慧學校與科技領導的理論與實踐有更深層的了解，並期能發揮拋磚引玉之效，吸引更多志同道合者一同為智慧教育而努力。在此，向所有愛護我們的先進與讀者，致上最誠摯的感謝。本書得以完成，除了作者們的互相支持之外，特別要感謝五南出版社黃總編輯、高編輯、政大教政所碩士生張成緯、謝宛芹、許懷智的協助。

CONTENTS
目　錄

智慧學校校長科技領導——理論實務與案例

智慧學校校長科技領導──理論實務與案例

(10)

第一章

智慧學校定義與指標建構

第一節　智慧學校定義

壹、智慧教育新圖像

　　智慧教育（smart education）是全球教育發展的新趨勢與理想，筆者透過 Google 搜尋「智慧教育」、「smart education」兩個關鍵詞，分別搜尋到 184,000,000 筆和 1,250,000,000 筆結果，合計 14 億 3 千 4 百萬筆的網路高聲量，由此可以了解到智慧教育是網路新聲量、教育新顯學、新趨勢、新圖像。關於智慧教育的新圖像（new vision），筆者提出「智慧教育樹[1]」（smarter education tree）（圖 1-1），作為成就每一個孩子的教育理想。「智慧教育樹」係以智慧教育支持系統為基礎，構築成熟的智慧學習環境，使用智連環（TEAM Mode-based Smarter Learning）教學理念為思想引領，培訓教師提煉有效能的智慧模式，發展智連環的課堂，以成就每一個孩子為願景，實踐以學生為中心（student-centered）的教育理想，達成適性揚才（talent development）與公平均質的智慧教育目標（臺灣科技領導與教學科技發展協會，2018）。

　　所謂「十年樹木、百年樹人」（It takes ten years to grow a tree, but a hundred years to bring up a generation of good men），透過教育政策制定者與教育行政人員的擘劃願景與步步踏實推進；同時，在學校行政人員的支持之下，在校園沃土中播下的希望種子（沃土指的是良好、健全的軟硬體；希望種子指的是學生）施以充分的營養（指的是專業教師教學），則

---

[1] 智慧教育樹的內涵（智慧教室、智慧學校、智慧學區、智慧教室、智慧模式、智慧課堂……），請參考智慧教育：理念與實踐（張奕華、吳權威，2014）、智慧教育之教師專業發展理念與案例（張奕華、吳權威，2018）兩本書籍。

圖 1-1　智慧教育樹

種子會不斷的成長、茁壯、開花及結果。透過「軟」「硬」兼「師」的智慧教育，將能實踐教育的新圖像。

貳、智慧教育新路逕

　　智慧教育（圖 1-2）可藉由數位科技學習輔具的優勢，使教師可以根據學習者的需求和背景打造適合的教育：個人化教育、多元的知識和加強創造力。智慧教育能擴大教學與學習的場域，使「教」與「學」的範圍不再侷限於學校教室，讓「無所不在的學習」的理念得以實現。智慧教育的

發展取徑是從智慧課堂開始，進而到智慧教師、智慧教室、智慧學校、智慧學區而至完整的智慧教育。智慧教室是指提供課堂「教」與「學」服務，具有便利、效能及智慧特性的 ICT 教學輔具。在學區內建立智慧教室、智慧學校、智慧學區之三層式系統運作架構，學區的教育雲與學校教育雲和班級智慧教室，三個層次之間的訊息與作業，可以自動分流與整合，形成屬於學區的教與學神經網路系統。智慧教育係為應用科技提升教育競爭力的理想願景，發揮科技在教學上的積極貢獻，發展有效能、可複製、會擴散的創新教學模式，進而創造教育的無限可能。

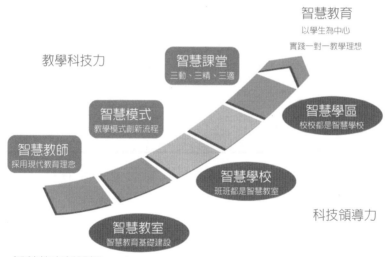

圖 1-2　智慧教育新路徑

　　SMARTER 教育係以學生為中心（Student-centered approach）的教學與學習方式、能透過多元取向引起學生學習動機（Motivate students to learn）、無所不在的讓學生使用任何載具（Any-device）接近學習入口、提供豐富的學習資源（Resource availability and diversity）使用科技（Technology support and service）支持與服務教學和學習、透過診斷工具和雲端服務提供即時的學習評量（AssEssment of learning）結果，以及教師以科技創新教學和精進教學（Refinement of teaching）。SMARTER 教育的目的就是以科技化的方式，給予學習者豐富的學習資源和拓展視

野，改善目前教學資源有限的困境。在 SMARTER 教育的趨勢發展之下，將突破傳統學校教學系統的限制，教師與學生不再只能利用紙本教科書和有限的資源在教室進行教學，也能更進一步運用電子書以及網路的智慧型教學，成功打造「行動學習」的理念。

　　智慧教育新路徑必須是「軟硬兼師」（soft and hard power as well as teachers）的過程，所謂「軟硬兼師」就是巧實力（smart power），亦即指結合硬實力和軟實力的致勝策略能力，也就是軟實力＋硬實力＋教師專業發展。植基於圖 1-2，軟實力＝智慧教師＋智慧模式＋智慧課堂＝教學科技力（the power of instructional technology），硬實力＝智慧教室＋智慧學校＋智慧學區＝科技領導力（power of technology leadership）；教師專業發展則是透過三層式鷹架[2]（圖 1-3），應用智慧教室支持系統，輔助教師專業發展。教師專業發展三層式鷹架理念，加入了整合型的科技系統，結合教師專業發展的 RICS 模型，包括反思（Reflect）、探究（Inquiry）、合作（Collaborate）、分享（Share）模型以及智慧課堂教師的 DIA 三種教學能力，包括教學展現力（Demonstration of teaching）、學習洞察力（Insight of learning）和課堂調和力（Adaptability of classroom）等，在智慧教室支持系統下成為理想的教師專業發展鷹架（張奕華、吳權威，2014）。

參、智慧學校的定義
一、智慧學校發展現況

㈠臺灣方面

　　科技不斷革新各產業與領域，以「教育」研發為方向的「科技」蓬勃發展更不在話下。多年來全臺各界無不關注教育智慧化議題，教育部也在前瞻基礎建設計畫中將強化數位教學暨學習資訊應用環境列為重點，智慧教育系統（革新 AI 技術－AI 人工智能）能幫助學校軟硬體完美整

---

2 教師專業發展三層式鷹架的內涵，請參考智慧教育：理念與實踐（張奕華、吳權威，2014）一書。

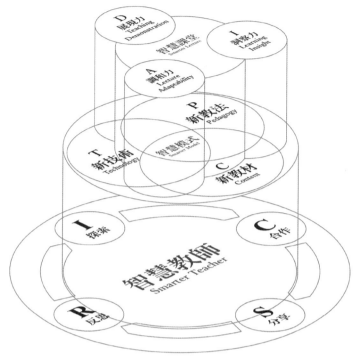

圖 1-3　教師專業發展三層式鷹架

合，同步提升學生學習及教師專業發展，幫助校園成就 AI 智慧學校（郭靜芝，2018）。智慧教室的定義有三個重點，首先是建構智慧教室的學習環境，讓教室裡每位師生都有智慧終端，像是電子白板、平板設備、遙控器或手機等。第二是擁有數據採集的通道，能收集、分析課堂所有互動。第三是教師的教學方法必須要使用這些裝置和數據通道，與教學深度融合。智慧學校則是更進一步，把上述三個重點覆蓋到所有教師和學生身上，在智慧學校的基礎上，更進一步運用人工智能、大數據和蘇格拉底平臺等技術支援。透過 AI 蘇格拉底分析系統，臺北市懷生國中、新北市辭修高中、臺北市大附小、新北市新民小學都升級為智慧學校（數位時代，2018）。

㈡中國大陸方面

　　信息化技術已成為推動教育產生革命性變革的基礎，扣緊信息化時代

的脈搏，透過構建智慧教室、培養智慧教師、打造智慧課堂、智慧學校是容閎學校生命教育中心與時代鏈接、成就生命課程之道的核心利器。中國大陸廣東珠海容閎書院，全校導入智慧教學系統，並且採用 AI 人工智能系統，採收與分析課堂教學行爲數據，以最先進的理念與技術，促進教師專業發展，實踐智慧教育願景。容閎書院不僅是 AI 智慧學校，並成爲廣東第一個擁有智慧型議課廳的學校。除了軟硬體的更新外，教學系統也協助容閎書院實施蘇格拉底三步三環教師專業發展模式，包括培訓增能、教練成長和校本典藏。教師懂得使用、運用科技融入教學（珠海容閎學校，2018）。

二、智慧學校的定義

　　校長身爲教育領導者與首席教師，更需要具備足以有效領導教師、以強化教師教學與學生學習的能力。處於當前如此新舊教育方向重大的轉折點上，教育領導者在知識、能力與心態上，要如何預爲準備，也是當今中小學校長的新課題（林文律，2018）。隨著網際網路與資訊設備的發展，智慧化的風潮也延續至校園，逐漸將資訊設備與網路資源應用於教學活動及行政作業。在今日校園中，舉凡校務行政、教師教學研究、學生學習平臺、校園生活……等，無不建置在資訊的基礎上，間接實現多功能的智慧化校園環境。因此，智慧校園是未來建置學校學習環境的新趨勢（張奕華、林光媚，2017）。在此新趨勢之下，透過科技領導、學習領導及整合領導等而成的「智慧領導」（smart leadership），能建立優質的智慧校園（臺北市教師研習中心，2018）。

　　進一步言之，智慧學校是應用科技協助學校運作更自動化、更高效能、更安全、更符合綠色環保的校園。在資訊技術的支持下，智慧學校建設得以逐步展開。「智慧學校」係指強調「智能化管理」、「智能化環境」之外，重視「智慧『教』與『學』」；現階段各國所發展的智慧學校，有些僅強調管理智能化和環境智能化，而忽略了教與學的智慧化。在智慧學校的發展中，智慧化的教與學才是關鍵，才能達成智慧教育的目標。發

展理想的「智慧學校」，可以在操作環境、教師培訓、課程教法、教材準備和應用範圍等五項指標[3]深耕著力，如圖 1-4 所示，達到全覆蓋的程度，透過系統化改造學校的教與學型態，成為更理想的智慧學校環境。

圖 1-4　發展智慧學校的五項指標

(一)i-LEADER 智慧學校定義

i-「L-E-A-D-E-R」之 i 係為智慧（intelligence），「L-E-A-D-E-R」中文翻譯為「領導者」或「領導人」，i「L-E-A-D-E-R」則稱之為智慧領導者（或智慧領導人），上述六個大寫英文字母分別對應到以下六個向度：智慧學習（i-Learning）、智慧教學（i-tEaching）、智慧保健（i-heAlth）、智慧行政（i-aDministration）、智慧環境（i-Environment）、智慧綠能（i-gReen）。前述「L-E-A-D-E-R」的六個向度的定義分述如下：

1.「智慧學習」（i-Learning）：透過科技打造智慧教室系統，提供了智慧教室創新教學模式；藉由建置智慧教室，就像打造了一個小宇宙，

---

[3] 智慧學校的五項指標之具體內涵，請參閱智慧教育：理念與實踐（張奕華、吳權威，2014）一書。

自成小運作的行星（創新教學模式）。而智慧教師、智慧教室、創新教學模式三者合體，智慧便開始運轉，以創造超級智慧課堂（張奕華、劉林榮，2016）。

2. 「智慧教學」（i-tEaching）：智慧教師應用智慧模式，創造智慧課堂的三項教學能力，也就是生動、互動、主動的教學展現力，精確、精緻、精進的學習洞察力，以及適性、適量、適時的課堂調和力。DIA模型（D：教學展現力；I：學習洞察力；A：課堂調和力）就是智慧教師的實戰能力，是教師與學生共同成長的理想情境。上述之「生動」是指「創設生動的學習情境，引發學生的學習動機」，「互動」是指「建立師生之間相互連結、反饋的學習生態」，「主動」是指「激發學生主動探索、積極投入學習的心態」；「精確」是指「隨時精確地掌握學生的學習狀態」，「精緻」是指「根據學習狀態精緻地安排教學活動」，「精進」是指「根據學習歷程資訊精進教與學」；「適性」是指「設計符合學生性向的學習方式」，「適量」是指「給予適合學生能力的學習分量」，「適時」是指「安排的學習時機符合學生的發展階段」（張奕華、吳權威，2014）。

3. 「智慧保健」（i-heAlth）：建置資料庫所累積的數據資料（例如：成長紀錄、健康檢查、傷病紀錄、輔教紀錄、健康活動、社交測量等），教師以及家長都可以了解孩子們的成長曲線圖、成長落點分析。換言之，透過這樣的數據資料，可以觀察歷年歷次健康檢查資料，以及傷病紀錄統計與查詢、生理與心理的全方位健康履歷、活動紀錄、減重班、體能訓練、人際關係、人緣指數、人格特質，建立健康成長履歷資料。進而由智慧教師團隊做出專業的評估以及輔導，建立雲端資料庫，累積從小到大的健康成長履歷資料（張奕華、劉林榮，2016）。

4. 「智慧行政」（i-aDministration）：智慧校園除了要有智慧內容、智慧教師之外，更需要整體的行政系統作為提升，科技不只深入孩子們的教學、互動。為減輕與緩和校園之管理負擔，目標是將校務行

政、企業合作、監督政策等與校園執政管理有關之所有活動智慧化。諸如校務管理平臺、資源管理平臺、工作管理流程系統……等（張奕華、劉林榮，2016）。

5.「智慧環境」（i-Environment）：智慧環境（Ambient Intelligence, AmI）的概念係由歐洲研究團體 ISTAG（Information Society Technology Advisory Group）於 1999 年提出，其基本目標是在智慧設備與環境之間建立一種共生關係，通過對環境的感知構建一個統一平臺，提供各種設備之間的無縫連接，從而形成人、機器和環境協調統一的相互協作關係（百度百科，2019）。而智慧環境的最終目標是要創造及滿足：安全、健康、舒適、便利、節能、永續環保等條件，針對居家生活、工業製造、商業活動等各種情境下所需軟硬體設施，運用資通訊技術進行智能化環境系統整合，以符合智慧化設計的概念，達到更優質的生活及工作品質（尤嘉禾，2012）。智能化環境的概念，像是利用 QR Code、無線網路等智慧設備，進行環境、資源的管理，並智慧化節約能源。又如運用 QR Code 融入防災演習，開創行動化的防災生活；其他如節能監控系統、綠能智慧宿舍系統、零碳教室等，亦藉由智慧化節能設備，有效控管校園用水、用電量等（張奕華，吳權威，2014）。

6.「智慧綠能」（i-gReen）：建造智慧學校必須考慮更為周全，節能減碳也成為未來化需要重視的環節之一，降低能源的使用，達到建置偵測維護的目標，例如：智慧能源網路架構、智慧能源管理服務、綠能管理、綠能 ICT……等。針對校園學生以及人口數的使用狀況，規劃適合能源運用程式。比如說：上課時段比較少學生在上廁所的時候，還有下午時段學生不在教室的時候，冷氣、燈光都可以運用手機 APP 來做調整跟設定。或是在上課時段，圖書館、教室內都沒有使用，可以感應後減低燈的使用度，還有夜間保護系統，讓學校晚上空無一人的時候，飲水機可以暫停使用……等等；在能源有限的現代，透過智慧化系統監控，可以降低校園無益的支出（張奕華、劉林榮，2016）。

綜上所述，由 i-LEADER 內涵所建構的智慧學校元素，包含了智慧

學習（i-Learning）、智慧教學（i-tEaching）、智慧保健（i-heAlth）、智慧行政（i-aDministration）、智慧環境（i-Environment）和智慧綠能（i-gReen）（圖1-5）。

圖1-5　i-LEADER 智慧學校元素

㈡i-LEADER 智慧學校理論基礎

「智慧領導」（smart leadership）：係指透過科技領導、學習領導及整合領導等，可以建立優質的智慧校園（臺北市教師研習中心，2018）；發展「智慧領導」技能可以從三個關鍵領域開始：服務領導（servant leadership）、創新與可持續性之間的平衡（balance between innovation and sustainability）、以及策略思考和遠見（strategic thinking and foresight）。上述技能可以管理複雜性，故這些技能之發展非常重要。服務領導者的最

高優先事項是關注組織的需求和人民的需求，服務領導者特徵的研究強調，服務領導者不僅將追隨者放在第一位，而且他們與追隨者分享控制權並接受他們的成長（LugoSantiago, 2018）。

　　校長透過「學習領導」（leadership for learning）推動「智慧學習」，可藉由「智慧學習網」和「智慧學習情境」進行有效學習，提升學生個別學習和合作學習的能力。校長透過「科技領導」（technology leadership）發展智慧社群，促進智慧教學可應用「雲端產學聯盟」進行「產學合作方案」，擴展學校團隊與科技產業形成合作社群，將產業4.0連結教育4.0，展現「創新思維、協同創作」的教育資產，活化學校智慧空間和學習情境（林進山，2016）。透過科技領導促進成員發展與訓練，智慧教師透過智慧社群的運作、教師專業發展三層式鷹架的應用（RICS、TPC、DIA），可以加速專業發展，促進「智慧教學」（張奕華、吳權威，2014）。校長透過「服務領導」（servant Leadership）實施「智慧保健」，可藉由校園雲端智慧保健系統，協助護理師快速記錄和處理學生傷病及通報現況（林進山，2016）。校長透過「趨勢領導」（trend leadership）彰顯智慧行政，可藉由校務行政系統，建構排課模組、教師代課模組、學生檔案組、社團選課模組、學生出席紀錄模組、門禁管理系統、招生模組等多項模組。透過校務活動專案管理系統，建置「教學輔導夥伴教師輔導系統」及「翻轉教學方案」，以推動學習共同體、合作學習、學思達、差異化教學和創客等創新教學（林進山，2016）；所謂「趨勢領導」係指組織領導人掌握組織內部的變動情形以及社會與國際發展走向，融入策略性組織發展計畫中，透過善用關鍵的契機，以帶動組織邁向優質、卓越的作為（吳清山、林天祐，2005）。

　　校長透過「永續領導」（sustainable leadership）建構「智慧環境」，永續領導強調領導猶如一過程與系統，惟有學校教育人員能接受並且用心實踐永續領導的理念，學校才能營造永續經營的文化。永續不只是意味著某件事物能否持續，永續特別強調特定的創始事物能夠持續發展，而不致危害其他周遭的環境，和現在及未來的事物（張明輝，2005）。校長透過

「道德領導」（moral leadership）形塑「智慧綠能」，可以藉由感測設備和綠能節能監控系統，實施節能減碳和資源再利用，以建立校園道德的價值觀念（林進山，2016）。綜上所述，iLEADER 智慧學校的理論基礎包含了「學習領導」（leadership for learning）、「科技領導」（technology leadership）、「服務領導」（servant Leadership）、「趨勢領導」（trend leadership）、「永續領導」（sustainable leadership）、「道德領導」（moral leadership）；校長透過上述六種領導能力，能建構富有智慧學習（i-Learning）、智慧教學（i-tEaching）、智慧保健（i-heAlth）、智慧行政（i-aDministration）、智慧環境（i-Environment）、智慧綠能（i-gReen）的智慧學校（圖 1-6）。

圖 1-6　i-LEADER 領導理論

肆、智慧學校的指標

本書依據相關文獻（江哲銘、陳星皓、潘智謙，2009；林進山，2016；陳永昌，2003；張子超，2007；張奕華、林光媚，2017；張奕華、劉林榮，2016），彙整出 i-LEADER 智慧學校指標，並透過模糊德菲法建構指標如下：

一、智慧學習（i-Learning）

1. 具備發展智慧教室操作環境的階段性藍圖。
2. 建置班級智慧教室、群組智慧教室與雲端智慧教室。
3. 每一個學生擁有學習載具（IRS、智慧手機、電子書包）。
4. 建置教學服務平臺（教學素材庫、教材內容庫、電子書庫及測驗題庫）。
5. 具備教學互動服務（反饋和評量補救激勵、線上學習系統、學幣獎勵系統）。
6. 建置學習管理平臺（個人學習紀錄庫、個人學習履歷、出勤資料檢索）。
7. 建置計算機實驗室，引入 ICT 主體以及智慧學校應用。
8. 評量學生學習成效（智慧課堂學生學習歷程、學生學習成效）。

二、智慧教學（i-tEaching）

1. 教師熟悉應用，掌握智慧教室之軟硬體設備及應用功能，正確、熟練地進行電子白板、實物提示機和學習輔具等設備的操作。
2. 教師接受專業的科技服務教育理念培訓，取得專業證書，能充分理解發展教學模式並展現智慧課堂精確、精緻、精進之「學習洞察力」，並開始發展智慧模式案例。
3. 成立智慧教室應用專業社群，辦理工作坊促進校內進階應用與擴散。
4. 至少發展 5 種以上智慧模式，並建立標準化教學流程（SOP），嘗試應用於相同單元不同班級，或嘗試應用於不同單元、不同學科。
5. 彙整學校發展與常態應用的智慧模式，編輯智慧教室教學模式分享手冊，能夠複製與擴散到校外。

6. 能夠發揮實體素材即時數位化的教學應用，並能夠整合現有數位內容，熟練地應用於智慧教室。

7. 根據智慧教室的提問流程需求，設計智慧教室專屬教材內容，提問的問題設計包含知識點、認知層次等類別考量。

8. 針對新世代以學生為中心之理念的學習共同體、合作學習、一對一教學、PBL 等多元教學方法，搭配智慧教室教學模式設計教材與提問內容。

三、智慧保健（i-heAlth）

1. 建置學生健康成長履歷。

2. 建置學生健康成長資訊服務系統（健康監測、健康生活方式追蹤）。

3. 建置流行病警報系統。

4. 具備學生健康運用服務（遠距醫療、遠距照顧）。

5. 具備校園 e 化傷病管理。

6. 具備營養午餐健康管理系統（食材登錄、產銷履歷系統）。

7. 穿戴式個人健康紀錄和運動員培訓（追蹤和監測表現與進展）。

8. 強震即時預警系統。

四、智慧行政（i-aDministration）

1. 具備校務行政和決策系統。

2. 具備 K-12 校務系統整合模組。

3. 具備財產管理加值服務。

4. 具備電腦雲端管理服務。

5. 校務活動專案管理。

6. 具備教學輔導夥伴教師輔導系統。

7. 建置學生出席紀錄模組。

8. 建置社團選課模組。

五、智慧環境（i-Environment）

1. 具備溫熱、視覺舒適度管理系統（空調舒適度管理系統、空調監控系統、變風量系統、變流量系統、儲冰空調系統、晝光感知控制、自動點滅控制、自動調光控制、區域控制管理等系統）。
2. 建置校園網路安全管理系統。
3. 建置校園一卡通的應用。
4. 具備智慧圖書館系統。
5. 具備空氣品質、噪音、水質監測系統。
6. 具備智慧影像監控和分析系統（人、車、事件的異常活動追蹤）。
7. 具備門禁管理系統（保全警報系統、紅外線電子圍籬、遠端監控）。
8. 建置親師互動平臺（親師生聯絡簿、社團社群交流網、校園即時通訊系統）。

六、智慧綠能（i-gReen）

1. 具備設備能耗監控系統（雲端耗能監控整合、節能分析改善、ICT 設備能耗管理）。
2. 具備需求量控制系統（需電管控與統計改善、契約容量管理、教室燈光自動排程）。
3. 具備再生能源管理服務（太陽能發電、供電系統）。
4. 具備能源回收系統（雨水回收系統、資源回收系統、廚餘再利用系統、落葉堆肥系統）。
5. 建置生態校園環境（生物多樣化、原生物種保留、共生生態）。
6. 具備永續建築技術（綠建築評估系統、綠建築營建技術、健康建築技術）。
7. 制定 CO_2 減量標準。
8. 制定環境保護法規。

第二章

校長科技領導內涵與指標

第一節　AI時代的校長領導

壹、AI時代的智慧領導

　　空氣（AIR）是人類生存的要件，沒有空氣，我們將無法生存下去；在未來科技的社會，上述第一個字母 A 為 Artificial Intelligence，簡稱 AI 的「人工智慧」，對於未來社會和未來教育發展的影響有增無減。第二個字母 I 為 Internet of Things，簡稱 IOT 的「物聯網」，只要有手機就可以在任何場所接收雲端主機傳來的訊息，處理很多的事情，大大提升了即時性和準確性。第三個字母 R 為 Robot，又稱為「機器人」，就是一切模擬人類行為或思想與模擬其他生物的機械，將是未來人類生活的一種趨勢。……有了 AIR，仍須要有 BC 的支持，B 就是 Big Data，透過大數據資料分析，有助於做更佳的決策；C 就是 Computer，利用電腦處理數據分析，加速其效率和正確性。不管是「人工智慧」、「物聯網」或是「機器人」，都少不了大數據和電腦的支援（吳清山，2018）。由以上可知，在大數據浪潮下，AI 人工智慧等將對於教育發展、學校現場、課堂教學等，產生翻轉的作用，身為學校領導者，必須面對此項 AI 趨勢。誠如李開復所言，人工智慧已成為全球熱門的課題，它長得不像科幻電影中的機器人，而是就在你我的日常生活和工作之中；只要打開手機使用 APP，或是上網搜尋資料、購物、使用服務，我們就在和人工智慧互動。AI 時代的教育觀念要顛覆，每一個科目都要重新想像……，人工智慧時代最為核心、最為有效的學習方法，包括做中學、關注啟發式教育，培養創造力和獨立解決問題的能力（李開復、王詠剛，2017）。基此，筆者在 Google 搜尋「AI 時代」、「AI era」兩個關鍵詞，分別搜尋到 130,000,000 筆和 1,030,000,000 結果，合計 1,160,000,000（11 億 6 千萬）筆的搜尋結果。

由此可見，我們就身處 AI 時代（AI era），我們必須了解人工智慧，利用人工智慧，學校校長與教育人員必須了解 AI、應用 AI。

在現實中的教育其實是「一種規格、罕有適用」（one size fits few）……我們真正需要的是「一種規格，一人適用」。……現在我們已經有能力將知識的傳播方式個人化，因此就有可能真正做到因材施教，符合個別學生的學習情境、喜好及能力。……學習這件事仍然需要學生專心投入、花上心力，但是藉由打破過去「一種規格，全體適用」的模式，我們就能為每一位學生找出最佳的學習方式（林俊宏譯，2014）。上述中，麥爾荀伯格（Mayer-Schönberger）和庫基耶（Cukier）的核心理念在於大數據時代之下，教育的本質和體制必須翻轉。若翻轉本質和體制是創新教育的第一步，則翻轉課堂是創新課堂的第一課。但「翻轉」教育在「翻轉」什麼？翻轉的目的就是找回學習的本質，激發孩子的學習動機，將學習主權還給學生，進而能達到教師因材施教，學生自主學習的教育理想，並提升學生學習成果（翁崇文，2015）。然而，在傳統教育模式中，所有學生使用相同學習資料，遵循同樣學習節奏的情況，這完全掩蓋了學生的個體差異，從而無法使每一位學生得到最佳的學習效果。隨著科技發展和社會進步，教育應該是個性化（personalization）、差異化（differentiation）的。除了要有面向整體的普及教育之外，更要有針對學生個體差異的因人施教。使用科技教學尤其是使用當下發展速度極快、技術日漸成熟的人工智慧科技來自動推送「一對一教學」，針對不同學生的特點實現「精準教育」（precision education）將是未來教育的新模式（紅網，2017）。換言之，教師應用科技系統，依據數據進行教學決策與差異化教學，將是實踐精準教學的必要方式。然而，實現精準教育與精準教學的前提，需要學校校長的智慧領導。

智慧領導是教育領導的新興議題，智慧領導來自「智慧教育」，智慧教育之所以被討論，係來自「智慧校園」、「行動學習」、「集體智慧領導」的普及化及經營上的需求。實施「知識→技術→能力→價值」四位一體的教育，稱之為智慧教育。校長帶動教師關注「知識、技術、能

力、價值」四位一體的「智慧教學」，則稱之爲「智慧領導」（鄭崇趁，2018）。「智慧領導係指學校領導者依學校組織系統的不同需求，善用科技整合、學習趨勢和道德服務等領導策略，並結合產官學研的運作機制，實施集體領導整體帶動學校的行政管理、校園營造、課程發展、教學創新和創價學習，藉以提升親、師、生的參與度、專業度和學習度，共同形塑學校能見度的一種以領導哲學爲基礎的影響力。智慧領導整體帶動係以「志於道、據於德、依於仁、游於藝」的儒家宗風爲宗旨。從學校領導、校務發展、空間規劃、建築工程、教師社群、專業發展、產學合作、課程發展、教學創新、學生學習、多元評量、適性發展、資源整合、科技素養、文化傳承到品牌形塑，全部烙印在辦學的思維方向，方能集體領導整體帶動」（林進山，2018，p.398）。綜上所述，如何透過智慧化的教與學，以達到精準教學（precision teaching）的教學模式，則需要智慧化的環境，需要 AI 人工智慧的應用，更需要校長的智慧（SMART）領導。

貳、校長智慧（SMART）領導

一、「S-M-A-R-T」向度定義

「S-M-A-R-T」之中文翻譯爲「智慧」，上述五個英文字母分別對應到以下五個向度：S（Skills of interpersonal communication）；M（Management, vision and planning）；A（Assessment, research and evaluation）；R（Requirements for Staff development and training）；T（Technology support and infrastructure）。「S-M-A-R-T」的五個向度定義分述如下：

(一)「人際溝通技巧」（Skills of interpersonal communication）

領導必須成爲智慧學校中的「引導者」與「激勵者」，在智慧學校的發展過程中，領導者需要不斷的與學校成員（親師生）溝通，以凝聚全校的共識，達成一致的觀念。藉由各行政單位與教師的相互合作以達到智慧學校發展的目標。在合作過程中，不可避免摩擦的產生與計畫執行過程可能會遭遇阻礙或挫敗，這時領導要適時地扮演激勵者，讓整個組織能夠順

暢地運作，使計畫順利執行。

(二)「管理、願景與規劃」（Management, vision and planning）

　　領導者必須成為「方向的掌舵者」、「趨勢的領導者」、「計畫的催生者」，也是領導者在智慧學校發展中最為關鍵的任務。智慧教育包含許多面向（例如智慧學習、智慧教學、智慧保健、智慧行政、智慧環境、智慧綠能等），領導者必須衡量諸多組織內外的因素、確立智慧學校發展的願景、敦促相關計畫的形成、領導計畫的實施，直到計畫各階段的檢核與再實施。

(三)「評量、研究與評鑑」（Assessment, research and evaluation）

　　評鑑與研究可以是校內自發的，或主動接受校外單位的評鑑或研究。智慧學校的評鑑可以分為幾個向度：評鑑教職員「有效運用科技」的程度與成果；以成本效益的觀點評鑑導入科技的結果；評鑑學校的相關計畫內容；或參照學區內其他學校的資料與經驗來評估教學上使用科技的情形；也可以對教室內所使用的系統進行評鑑。

(四)「成員發展與訓練的要求」（Requirements for Staff development and training）

　　智慧學校發展的核心在於課堂的變革，學校領導者除了積極充實科技設備之外，更重要的是要支持教師專業成長。除了提供教師專業成長所需要的時間、課程與經費之外，也要建立能夠持續發展的教師專業成長的制度與文化。

(五)「科技支持與基礎建設」（Technology support and infrastructure）

　　智慧學校的領導者也必須是一位「資源統整者」，作為智慧學校的領導者，除了統整校內資源之外，也可以向外爭取資源建構科技設備和基礎建設，以加速智慧學校的發展速度。由上述的 SMART 定義可以知道，其具備了科技領導的精神，也是發展智慧學校的前提。

二、「S-M-A-R-T」理論基礎

「S-M-A-R-T」的每一個向度所對應到的領導理論如下：「團隊領導」（team leadership）、願景領導（visionary leadership）、教學領導（instructional leadership）、學習領導（leadership for learning）與科技領導（technology leadership），分述如下：

(一)「團隊領導」（team leadership）

係指在團隊中營造良好的人際關係，團隊成員在彼此信任的氣氛下坦率地表達自己的意見和想法，進行有效的溝通（智庫百科，2018）。團隊領導的一個主要功能是將解決方案計畫傳達給團隊成員，以便他們了解團隊成員解決方案實施所需的行動，如何協調這些行動，以及什麼情況構成任務與完成任務（Zaccaroa, Rittmana, & Marksb, 2001）。

(二)「願景領導」（visionary leadership）

係指組織中的領導者，建立共同的價值、信念和目標，來引導組織成員行為，凝聚團體共識，促進組織的進步與發展。教育行政學者Sergiovanni 將願景視為「教育平臺」（educational platform），能夠創造一個「心靈社群」（community of mind），建立成員行為規範。因此，一個好的願景，不僅是一個有價值的目標，而且也能鼓舞學校成員，願意接受挑戰，同心協力為學校發展願景而努力（吳清山、林天祐，2002）。

(三)「教學領導」（instructional leadership）

係指校長直接協助教師教學、促進教師專業成長與發展、進行學校本位課程發展、以及帶動教師從事行動研究過程中，對於教學方法、課程設計、課程實施和課程評鑑提供支援和引導，以幫助教師有效教學和提升學生學習效果（吳清山、林天祐，2001）。換言之，「校長扮演領導與協調的角色，引導與幫助教師之教學相關活動，以提升教師教學效能、學生學習表現，進而達成教育目標的領導行為」（秦夢群，2010，頁337）。

(四)「學習領導」（leadership for learning）

又稱「學習導向領導」，意指學校領導者發揮其專業力和運用其影響

力，以增進教師有效教學和學生有效學習的過程和行為（吳清山、林天祐，2012）。學習領導係「領導者以學生學習為中心的理念，運用專業力和影響力，透過專業發展和改善教學環境等方式，以增進教師有效教學和學生有效學習的歷程」（張德銳，2015，頁6）。

㈤「科技領導」（technology leadership）

係指領導者發展、引導、管理、與運用科技於各種組織運作，以提升辦學品質的行為。科技領導的目的乃在引導學校成員有效的使用科技，以融合於課程與教學中，進而提供更高層次的教學品質。科技領導的過程需要所有成員之積極投入。校長必須調和鼎鼐，以「由上而下」的溝通模式，帶動學校成員全體教師共同參與。科技領導的發展必須植基於一個明確具體的願景，而願景之形成必須經由全校師生、家長與社區共同參與發展（2010，秦夢群）。科技領導（technology leadership）係指領導者能夠善用領導技巧，使所屬成員能夠運用科技，致力於組織目標的達成（吳清山、林天祐，2006）。科技領導提供了校長領導的另一項新思維，主要聚焦於結合科技和領導，充實科技方面的軟硬體設施和人員的科技素養，塑造應用科技的有利環境和文化，以促使校長、教師和其他學校人員，能夠善用科技，增進教學和行政的成效（葉連祺，2003）。由以上可知，SMART 理論基礎，包含了團隊領導（team leadership）、願景領導（visionary leadership）、教學領導（instructional leadership）、學習領導（leadership for learning）與科技領導（technology leadership）。

第二節　校長科技領導定義[1]

壹、科技領導的基本概念

科技與領導之間的重要性在 1994 年前後開始受到關注與討論，尤

---

1 本節次修訂張奕華、張奕財（2012）：教育雲端與科技領導：以 TEAM Model 智慧教室為例。教育研究月刊，216，頁 73-88。

以 Bailey（1996）在其《科技領導：了解 21 世紀科技整合的十項基本按鈕》（Technology Leadership: Ten Essential Buttons for Understanding Technology Integration in the 21st Century）一文中，提供一個架構作爲學校了解成功整合科技的要素（the framework for understanding the ingredients of successful technology integration in n public schools）：變革（change）、科技規劃（technology planning）、倫理（ethics）、教與學（teaching/learning）、安全與保障（safety and security）、課程（curriculum）、成員發展（staff development）、基礎建設（infrastructure）、技術支持（technical support）、科技領導（technology leadership）。近年以來，教育領導者在努力提升教師資訊使用能力的發展過程中，開始重視科技領導（technology leadership）的概念。國內自 2002 年開始，學術領域也開展了對於校長科技領導的研究，至今（2019 年 1 月）已有累積 80 餘篇的碩博士論文研究。以孟珈卉（2018）的研究爲例，透過「後設分析」爲研究方法，採納國內 48 篇碩士博士論文探討不同背景變項教育人員，知覺校長科技領導行爲之差異情況及國內 10 篇碩士博士論文，探討校長科技領導與學校效能之關聯性。整體校長科技領導與整體學校效能在隨機效果模式下，其平均效應值爲 .8457，表示整體校長科技領導與學校效能兼具有正向顯著關聯，且爲大型效果量。校長科技領導各因素與整體學校效能具有顯著相關，其中又以人際互動關係層面最高，效果量達 .8589。校長科技領導各因素與學校效能各因素之間具有顯著相關，且均屬於大型效果量。年資與學校地區在校長科技領導與學校效能之間具有調節作用。而在美國教育資源資訊中心（Education Resources Information Center）資料庫中，有關科技領導（technology leadership）之研究則有 350 餘篇。以 Thannimalai 和 Raman（2018）的研究爲例，校長科技領導與教師科技整合之間存在顯著的關係，專業發展對兩個變項（校長科技領導、教師科技整合）之間的關係具有調節效果；校長必須實施強調資訊科技的教師專業發展，以利他們能夠成爲科技領導者，並激勵教師將技術融入課堂教學之中。

吳清山與林天祐（2006）強調，科技領導是大勢所趨，身爲教育領導者應該多充實資訊素養，並帶動學校教職員工生學習資訊科技，以提升行政、教學和學習效果。所謂科技領導係指領導者能建立科技願景，結合科技與領導知能，運用領導策略並組成科技團隊，充實軟硬體設施與提升成員的科技素養，塑造應用科技的有利環境，使學校成員能善用科技並整合於課程、教學與學習之中，以期能因應教育變革並達成教育目標（張奕華、張敏章，2009；張奕華，2010）；科技領導包含了願景計畫與管理、成員發展與訓練、科技與基礎設施支持、評鑑與研究，以及人際關係與溝通技巧等五項層面的運作（秦夢群、張奕華，2006；張奕華、蕭霖、許正妹，2007；Chang, Chin, & Hsu, 2008）。科技領導涉及了科技融入課程、數位學習、行政數位化與資訊教學等議題（秦夢群，2010），而就校長科技領導的概念而言，Bailey（1996）認爲科技領導者（technology leaders）是那些將科技視爲改變教學和學習核心工具的人，科技領導包含變革、科技規劃、倫理、教與學、安全與保障、課程、成員發展、基礎建設、技術支持等元素。Murphy 與 Gunter（1997）指出，校長應能夠示範與支持電腦科技，使得組織成員能夠有效的將科技融入課程中。Flanagan 與 Jacobsen（2003）則認爲，校長應支持教師嘗試以多樣方式整合資訊及科技，並融入於課程教學中，以建構符合學生學習需求的學習模式。Moyle（2005）認爲，有效的領導者能支持教學整合 ICT，並對教育與科技整合具有良好的認識；同時，有效的領導者具備驅動創新（driving innovation）的能力。Anderson 和 Dexter 則認爲，完善的基本設施是將科技導入學校文化當中所必要的前提，但有影響力的領導者更是促進與維持學校文化所必須的條件；換言之，有影響力的領導是鼓勵教師有效使用科技所不可或缺（引自 Ertmer, 2002）。Kearsley 和 Lynch（1994）認爲領導與學校文化在本質上有所關聯，成功的領導者能清楚說明並影響文化的規範與價值；Kearsley 和 Lynch 進一步指出，學校領導者的責任是確認科技的使用能建立在學校的文化上，並能建構必要的科技設施。以上論述，說明了學校領導者在經營使用科技文化的重要性，而校內使用科技的文

化，是奠基於創新（innovation）的信念。創新思維是學校內使用科技的根基，透過領導以形塑擴散（diffusion）的創新文化，是教育領導者應有的責任。

貳、科技領導的定義

　　諸多研究者相繼投入科技領導方面的研究，但由於研究者的重點與角色不同，而有不同的觀點；部分研究者關注的重點在於組織目標的達成，認為科技領導在於善用科技達成組織目標。以美國教育資源資訊中心（Education Resources Information Center）資料庫為例，研究對象（國家地區）包含臺灣、美國、沙烏地阿拉伯、馬來西亞、土耳其、澳洲、衣索比亞、香港、古巴、加拿大等，研究階段（教育階段）包含幼兒園、國中小、高中職、大學、教育行政機關等。在國內研究方面，吳清山和林天祐（2006）指出科技領導係指領導者能善用領導技巧，使所屬成員能夠運用科技，致力於組織目標的達成。張奕華（2006）指出科技領導即是面對資訊時代的當下，學校領導者為了適應教學與學習的需求，透過讓教職員學習科技，並藉由科技團隊的努力及建立學校科技願景的方式，讓學校在開放動態的社會中迎接教育的變革。在國外研究方面，Anderson 和 Dexter（2000）提出科技領導係指在組織決定、政策和行動上，促進學校能有效的使用資訊科技。另有研究者聚焦在教導與學習的需求，其觀察到資訊時代對教育產生的變革，因而提出科技領導（者）應有的作為，如 Barbara 和 Wasser（1999）認為科技領導係指校長和學校行政人員能示範與學習相關資訊科技，並藉由領導引起革新，應用科技以轉換有效能教學情境。Speed 和 Brown（2001）指出科技領導者能激發教師去學習科技、使用科技並整合科技在課程中。Schmeltzer（2001）認為科技領導者必須了解科技如何改善教學，並發展策略以幫助教師在課堂使用科技，並創造一個持續支持學校向前使用新科技的系統。Creighton（2003）主張科技領導者必須設計和運用新策略來幫助教師認知、了解和整合科技於教室中的教學。Thannimalai 和 Raman（2018）指出校長科技領導的操作型定義包含願景

領導（visionary Leadership）、數位時代的學習文化（digital age learning culture）、卓越的專業實踐（excellence in professional practice）、系統改進（systemic improvement）和數位公民（digital citizenship）。

　　綜上所述，校長科技領導在方法上要運用領導技巧，建立校園科技願景、充實人員科技素養，整合科技於課程與教學中；在環境方面要組成科技團隊、充實軟硬體設施，並塑造應用科技的有利環境和文化；在人員方面則應讓學校成員皆能善用科技，包括校長、教師、學生、行政人員；在目的方面在於因應教育變革，提升教學、行政和學習成效，以達成組織的願景和目標。因此，校長科技領導係指領導者能建立科技願景，結合科技和領導知能，運用領導技巧並組成科技團隊，充實軟硬體設施與成員科技素養，塑造應用科技的有利環境和文化，使學校成員皆能善用科技並整合於課程、教學和學習中，以因應教育變革，提升組織效能，達成組織的願景和目標。

第三節　校長科技領導向度與指標

壹、ISTE教育人員標準

　　國際教育科技協會（International Society for Technology in Education，以下簡稱 ISTE）為了引導行政人員支持數位時代學習（digital age learning），創造科技饒富（technology-rich）的學習環境，引領教育領域的轉型，制定了《ISTE 教育領導者標準》（ISTE Standards for Education Leaders[2]）。《ISTE 教育領導者標準》為教育領導者在引導數位時代學習提供了架構，為了增能教師和使學生學習成為可能，上述標準是針對領導者所需的知識和行為加以設計，這些標準聚焦在當下教育中一些最及時、最持久的主題：公平、數位公民、願景、團隊和系統建設、持續改進和專業發展。為了服膺 AI 人工智慧、科技潮流新趨勢與國際潮流接軌，以下針對《教育

---

[2]《ISTE 教育領導者標準》之原文向度與標準，請參見以下網址：https://www.iste.org/standards/for-education-leaders

領導者 ISTE 標準》的五個向度之內涵：公平與公民倡導者（equity and citizenship advocate）、願景的規劃者（visionary planner）、賦權領導者（empowering leader）、系統設計者（systems designer）、連接學習者（connected learner），分述如下（ISTE, 2019）：

一、公平與公民倡導者

領導者使用科技來增加公平、包容和數位公民實踐。教育領導者必須：

1. 確保所有學生都有熟練的教師（skilled teachers）積極使用科技來滿足學生的學習需求。

2. 確保所有學生都能獲得參與真實（authentic）和致力於學習機會（engaging learning opportunities）所需的科技和連結（connectivity）。

3. 透過批判性地評估線上資源（critically evaluating online resources），致力於參與線上公民對話（civil discourse online）、以及使用數位工具促進積極的社會變革（contribute to positive social change），來示範（model）數位公民責任。

4. 培養（cultivate）負責任的線上行為，包括科技的安全、合乎道德和合法（safe, ethical and legal use）使用。

二、願景的規劃者

領導者與其他人一起建立願景、策略計畫和持續的評估週期，以利使用科技轉變學習。教育領導者必須：

1. 透過學習科學（learning sciences），讓教育利害關係人（education stakeholders）參與發展和採取共同願景（shared vision），並利用科技提高學生的成功率。

2. 以共同願景為基礎，透過共同製定策略計畫，闡明將如何利用科技來增強學習。

3. 評估策略計畫的進展（evaluate progress on the strategic plan），進行過程更正（make course corrections），衡量影響（measure impact）並

擴大使用科技轉變學習的有效方法（scale effective approaches）。

4. 與利害關係人進行有效溝通（communicate effectively），蒐集有關計畫的意見，慶祝成功（celebrate successes）並進行持續改進（continuous improvement）週期。

5. 與其他希望從這項工作中學習的教育領導者分享所學、最佳實務經驗、挑戰以及科技與學習的影響（share lessons learned, best practices, challenges and the impact）。

三、賦權領導者

領導者創造了教師和學習者能被授權以創新的方式，使用科技來豐富教學和學習的文化。教育領導者必須：

1. 授權教育工作者（empower educators）能夠運用專業自主（exercise professional agency）、培養教師領導（teacher leadership）技能並追求個性化的專業學習（personalized professional learning）。

2. 培養教育工作者的信心和能力，使學生和教育工作者的 ISTE 標準能付諸實踐。

3. 激發創新和合作的文化（culture of innovation），讓時間和空間探索和試驗數位工具。

4. 支持教育工作者利用科技推動學習，滿足學生個性化的學習、文化和社會情感需求（meets the diverse learning, cultural, and social-emotional needs）。

5. 發展學習評估（learning assessments），即時提供個性化、可操作的學生進度分析圖（personalized, actionable view of student progress）。

四、系統設計者

領導者建立團隊和系統，以實施、維持和持續改進科技的使用來支持學習。教育領導者必須：

1. 領導團隊合作地建立實施策略計畫所需的強大基礎架構和系統（robust

infrastructure and systems）。

2. 確保支持有效使用科技學習資源（resources）充足且可擴展（sufficient and scalable），以滿足未來的需求。

3. 透過確保學生和員工遵守有效的隱私和數據管理政策（data management policies），來保護隱私和安全（privacy and security）。

4. 建立支持策略願景、實現學習優先重點和改善運營的夥伴關係（partnerships）。

五、連接學習者

領導者為自己和他人示範、並促進持續的專業學習。教育領導者必須：

1. 設定目標以保持最新的學習新科技（emerging technologies）、創新教育學（innovations in pedagogy）和學習科學的進步（learning sciences）。

2. 定期參加線上專業學習網絡（professional learning networks），與其他專業人士合作學習並指導他們。

3. 利用科技定期參與支持個人和專業發展的反思實踐（reflective practices）。

4. 培養領導和引導變革所需的技能（skills needed to lead and navigate change）、推進系統（advance systems）、並促進科技如何改善學習的持續改進的思維（mindset of continuous improvement）。

貳、校長科技領導i-VISA
一、i-VISA 向度之發展

秦夢群與張奕華（2006）綜合相關文獻（Anderson & Dexter, 2005; Aten, 1996; Bailey, 1997; Bailey & Lumley, 1994; Chang, 2002; Cory, 1990; Ford, 2000; Inkster, 1998; ISTE, 1998, 2001; Jewell, 1998; Kearsley & Lynch, 1994; Kline, 1993; Moursund, 1992; Ray, 1992），發展出《科技領導層面與實施現況之研究問卷》，問卷層面包括下列五項：(1) 願景、計畫與管理；(2) 成員發展與訓練；(3) 科技與基本設施支持；(4) 評量、評鑑與研究；以及 (5) 人際關係與溝通技巧。原先的科技領導五個向度（Chang,

2003）分別為：願景、計畫與管理（vision, planning and management）、成員發展與訓練（staff development and training）、科技與基礎設施支持（technology and infrastructure support）、評鑑與研究（evaluation and research）、人際關係與溝通技巧（interpersonal and communication skills）。

筆者在 2002 年留美的博士論文中，透過結構方程模式（structure equation modeling）驗證「i」（人際關係與溝通技巧，interpersonal communication）是「中介變項」（intervening variable）（圖 2-1），「人際關係與溝通技巧」是校長有效能的科技領導（Technology Leadership）的前提；而科技領導係由四個向度：Vision（願景、計畫與管理）、Development（成員發展與訓練）、Infrastructure（科技與基礎設施支持）、Assessment（評鑑、研究與評量）所構成。

筆者在回國之後，在 2006 年的國科會（現稱為科技部）研究計畫成果中，亦得到相同的結果（圖 2-2、圖 2-3）。筆者在 2016 年，為了讓校長們更容易了解科技領導，將科技領導的五個向度各取一個英文字母，組合成「i-VISA」，成為科技領導「i-VISA」（圖 2-4）。校長們可以依據筆者所建構的 22 個指標（表 2-1）實施科技領導，一定會有效果；以臺北市新民國小、新北市北新國小、桃園市大有國中、中國大陸成都師範銀都紫藤小學、廣東珠海容閎書院……為例，即為校長科技領導的典範學校。

二、i-VISA（愛為上）概念

在圖 2-4 中的 i-VISA，其中文翻譯為「愛為上」；「愛為上」的概念型定義為具有教育大「愛」的願景與計畫、能有積極作「為」和同仁溝通及建置科技基礎設施、必有蒸蒸日「上」的教師專業發展與學生學習成效。進一步言之，「愛為上」的操作型定義為：人際關係與溝通技巧（i：interpersonal communication skills）就是「積極作為」，校長宜積極和學校同仁、利害關係人溝通，闡述自己的創新思維與作為；願景、計畫與管理（V：Vision management and planning）就是「教育大愛」，校長

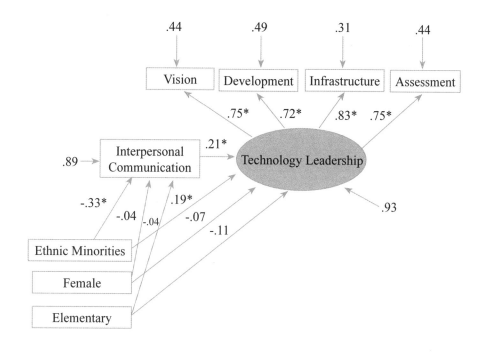

Figure 2. Structural Equation Model of Technology Leadership

Note: *Parameter estimate is significant at $p < 0.5$.

圖 2-1　科技領導結構方程模式

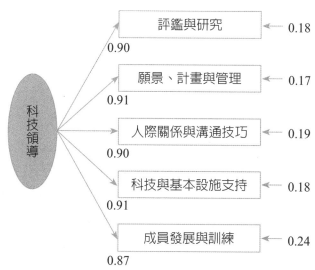

圖 2-2　科技領導層面之測量模式

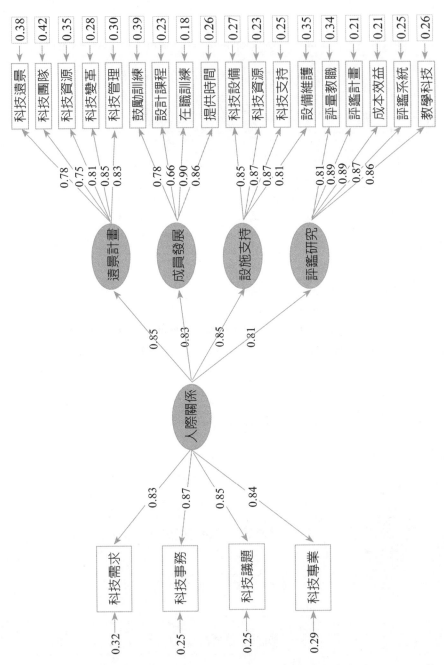

Chi-Square=686.44, df=201, P-value=0.00000, RMSEA=0.048

圖 2-3　科技領導模式分析

圖 2-4　科技領導 i-VISA（愛為上）

宜規劃願景、透過計畫與管理實現教育大愛；基礎設施與科技支持（I：
Infrastructure and technology support）也是「積極作為」，校長宜建設科
技相關的基礎建設，以支持教師的教學與學生的學習；成員發展與訓練
（S：Staff development and training）能將讓教師專業「蒸蒸日上」、不
斷的成長及進步，校長宜規劃教師專業進修相關課程；評量、評鑑與研究
（A：Assessment, evaluation and research）的導入及實施，將能確保願
景及計畫的達成，學生學習成效也隨之蒸蒸日上。職是之故，大「愛為
上」，至高無上。

參、校長科技領導指標

一、科技領導 i-VISA 指標

　　筆者的研究（張奕華，2007）結果顯示，願景、計畫與管理（簡稱願
景計畫）、成員發展與訓練（簡稱成員發展）、科技與基本設施支持（簡

稱設施支持）、評量、評鑑與研究（簡稱評鑑研究）等四個向度構成了科技領導，其參數都達到顯著（分別是 .86, .83, .86 和 .81）（圖 2-3）。而科技領導的前提是需要進行人際關係與溝通技巧（簡稱人際關係）（圖 2-3），此發現與筆者在國外的博士論文研究（Chang, 2002）一致，亦即校長進行科技領導之前，領導者需有良好的人際關係與溝通技巧，能與教職員生進行溝通。綜合圖 2-3 與科技領導模式標準化參數估計值（圖 2-5），科技領導的向度包含：⑴ 願景、計畫與管理、⑵ 成員發展與訓練、⑶ 科技與基本設施支持、⑷ 評鑑與研究。而學校科技領導的前提是校長具備良好的人際關係與溝通技巧。

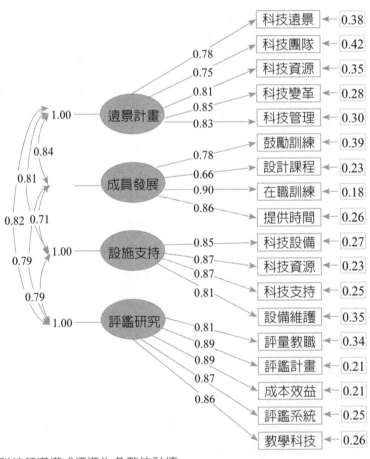

圖 2-5　科技領導模式標準化參數估計值

科技領導各向度下的指標如表 2-1 所示，該研究（張奕華，2007）藉由教師評量學校科技領導實施現況，建構出科技領導向度與指標，作為學校領導者在行政經營上的參考。由研究結果可知，學校必須要發展出一個具有願景的長期性科技計畫，將其成為學校教職員生努力的方向與目標。其次，學校成員在科技發展與訓練上的活動，是促進其專業成長的重要關鍵；同時，在基本設施的提供上，學校要能提供完善的技術支持與公平取

表 2-1　校長科技領導 i-VISA 指標

向度	指標
一、人際關係與溝通技巧	1.了解教職員和學生在科技上的需求和關心（科技需求） 2.有關於科技上的事務，能與教職員生維持正面的關係（科技事務） 3.有效地與教職員和學生溝通有關科技的議題（科技議題） 4.鼓勵學校人員利用有關資訊資源作為科技專業的成長（科技專業）
二、願景、計畫與管理	1.清楚地說明學校中科技使用的願景（科技遠景） 2.授權一個包含不同成員的科技計畫團隊（科技團隊） 3.提倡學校的科技資源（科技資源） 4.有效地管理科技上的變革（科技變革） 5.利用科技以有效地管理行政運作（科技管理）
三、成員發展與訓練	1.鼓勵在科技領域上的在職訓練（鼓勵訓練） 2.支持設計一個科技上的在職訓練課程（設計課程） 3.支持傳遞科技上的在職訓練（在職訓練） 4.提供時間以作為科技訓練之用（提供時間）
四、科技與基礎設施支持	1.確保科技設備的使用是適當的（科技設備） 2.確保學校人員有相同的機會取得科技資源（科技資源） 3.當學校人員需要協助時，能確保科技的支持（科技支持） 4.確保設備的即時修理與維護（設備維護）
五、評鑑與研究	1.考慮有效的使用科技是評量教職員表現的一部分（評量教職） 2.評鑑學校的科技計畫（評鑑計畫） 3.從成本效益的觀點評鑑科技（成本效益） 4.評鑑教室和實驗室中的電腦操作系統（評鑑系統） 5.利用地區的資料去評鑑教學上使用科技的情形（教學科技）

得資源的機會；最後，學校更應該發揮評鑑的功能，針對校內科技計畫做出專業判斷，也針對教師的教學做出績效評估。值得一提的是，關於校長的人際關係與溝通技巧，也在研究中發現其顯著的影響。校長的人際關係與溝通技巧潛在影響著其領導的成敗，一個能夠聽取教師意見並給予適當支持的校長，其學校將更有效能。筆者的研究建議如下：(1) 規劃具有願景、完整性的科技計畫，以取得教職員工的認同與信任，並建立行政團隊與教學團隊的向心力。(2) 配合完善的專業成長活動計畫，確保教職員工在進行計畫時，擁有足夠的專業知能。(3) 在計畫的執行過程中，宜確保資源設備的來源充足，並規劃技術與設備支援的策略。(4) 定期評鑑並改進校內的科技軟硬設備，以期符合師生的期待。

二、華人地區中小學校長科技領導 i-VISA 指標

　　陳彥宏（2018）基於張奕華（2003）、秦夢群與張奕華（2006）、張奕華、蕭霖與許正妹（2007）、張奕華與吳權威（2016）的研究，以華人地區熟悉科技領導學理基礎之專家學者、實施科技領導卓有成效之中小學校長共計 14 人作為研究對象，經過兩次德懷術（Delphi technique）問卷調查建立科技領導 i-VISA 指標體系，接著再以層級分析法、輔以 Expert Choice 11.5 建立各項指標之權重，建構之華人地區中小學校長科技領導 i-VISA 指標及權重體系，包括 5 個層面、22 項指標。5 個層面依其重要性依序如下：「願景、計畫與管理」（40.7%）、「人際關係與溝通技巧」（27.5%）、「科技與基礎建設支持」（15.9%）、「成員專業發展」（9.6%）、「評鑑與研究」（6.3%）。校長科技領導 i-VISA 指標如表 2-2 所示：

表 2-2　華人地區中小學校長科技領導 i-VISA 指標

向度	指標
一、人際關係與溝通技巧	1.積極溝通，了解學校團隊對於資訊科技的需求和關切的內容。 2.營造學校團隊對於資訊科技融入教育的正向氛圍。 3.激勵學校團隊運用資訊科技融入教育。 4.校長和產、官、學等外部利害關係人保持良好連結與關係，適當引入或共享科技資源。
二、願景、計畫與管理	1.凝聚一致的資訊科技融入教育理念，共同形塑學校的科技願景與目標。 2.擬訂計畫，推動資訊科技的系統性、全面性變革。 3.運用科技有效管理行政運作。 4.建立並授權一個包括不同成員的變革領導團隊。
三、科技與基礎建設支持	1.建立高度整合的科技基礎建設。 2.創建符合學生個別化、多元化的學習需求的資訊科技環境。 3.確保資訊科技與學習資源的環境具有開放性、便利性。 4.學校教職員生能在需要協助時，能確保科技支持。 5.學校的軟硬體與平臺，能得到即時維護與修繕。
四、成員專業發展	1.鼓勵辦理資訊科技相關的專業發展活動。 2.促進並參與資訊科技相關的專業發展社群。 3.支持與提供專業發展活動的空間、時間與規劃。 4.確保資訊科技專業發展有助於提升教學與學習成效。
五、評鑑與研究	1.關注資訊科技趨勢與相關研究，評估學校導入資訊科技的可能性。 2.運用科技蒐集數據，輔助學校導入科技相關的研究、決策與評鑑。 3.評估學校有關資訊科技的計畫與制度。 4.評估教師運用資訊科技的素養與教學成效。 5.運用科技評估學生的學習成效。

第三章
校長科技領導之實證研究

第一節　國內科技領導實證研究

壹、科技領導碩博士論文

　　國外有關科技領導的研究，已約有二十五年的歷史，而國內有關科技領導的研究，至今已邁入第十八年，並累積八十篇的碩博士論文（表3-1），縣市教育局亦積極辦理科技領導專修班、工作坊及行政人員培訓課程（例如：臺北市教育局、桃園縣教育局、高雄市教育局、國家教育研究院等）；然而，分析前揭有關科技領導的實證研究，主要聚焦在校長及其對於（或與）行政、教學、學生層面的影響（或關係）。近年以來，中國大陸亦積極辦理有關校長資訊力及教學科技的論壇，顯見科技領導與校園數位化的創新及應用，愈來愈受到學校實務的重視。

表 3-1　國內科技領導碩博士論文

研究者／年代	論文名稱	學校單位／學位
張盈霏（2006）	國民中學校長科技領導、知識管理與學校效能關係之研究	國立政治大學教育學系博士論文
陳易昌（2006）	國民小學校長科技領導、組織學習與學校效能之研究	臺北市立教育大學教育行政與評鑑研究所碩士論文
吳聖威（2006）	國民小學校長科技領導實施現況之研究	國立臺中教育大學國民教育研究所碩士論文
徐潔如（2006）	臺北市國民小學校長科技領導之研究	國立臺北教育大學教育政策與管理研究所碩士論文
高上倫（2007）	臺北縣國民小學教師知覺校長科技領導之研究	國立臺北教育大學教育政策與管理研究所碩士論文
孫承偉（2007）	花蓮縣國民小學校長科技領導之研究	國立花蓮教育大學國民教育研究所碩士論文

研究者／年代	論文名稱	學校單位／學位
吳怡佳（2008）	國民小學校長科技領導、知識管理與學校效能關係之研究	國立政治大學教育行政與政策研究所碩士論文
蔡瑞倫（2008）	桃園縣國民中學校長科技領導與學校效能關係之研究	國立政治大學學校行政碩士在職專班
許丞芳（2008）	國民中小學校長科技領導指標建構之研究	國立政治大學學校行政碩士在職專班
羅彣玢（2009）	花蓮縣國民小學校長科技領導與教師教學效能關係之研究	國立花蓮教育大學教育行政與管理學系碩士班
林彥宏（2009）	臺北市國民中學科技領導與行政管理創新關係之研究	國立臺灣師範大學教育政策與行政研究所碩士論文
傅齊榮（2009）	臺北市國民小學校長科技領導與教師教學效能關係之研究	淡江大學教育政策與領導研究所碩士在職專班
蔡珮夙（2009）	國小校長科技領導與學校知識管理之研究	國立嘉義大學教育學系碩士論文
張明智（2009）	國民中學校長科技領導與學校行政創新管理關係之研究	國立政治大學學校行政碩士在職專班
吳春助（2009）	國民小學校長知識領導、科技領導與創新經營關係之研究	國立臺北教育大學教育政策與管理研究所博士論文
吳勝揚（2009）	臺北縣國民小學校長科技領導與教師資訊素養關係之研究	輔仁大學教育領導與發展研究所碩士論文
張敏章（2009）	臺北縣國民小學校長科技領導與學校效能關係之研究	國立政治大學學校行政碩士在職專班
施宏杰（2009）	宜蘭縣國民中小學校長科技領導、教師資訊科技素養與教師教學效能關係之研究	國立政治大學學校行政碩士在職專班
顏伶娟（2010）	臺南縣國民小學校長科技領導與教師教學效能之研究	南臺科技大學教育領導與評鑑研究所碩士論文
劉謹瑜（2010）	桃竹苗四縣市國民小學校長科技領導需求評估之研究	國立新竹教育大學教育學系碩士論文
蔡政道（2010）	國民小學校長科技領導、組織文化與學校創新經營效能關係之研究	國立臺北教育大學教育政策與管理研究所博士論文

研究者／年代	論文名稱	學校單位／學位
徐柏青（2010）	國中小行政人員科技領導與校園弱勢學生資訊素養之相關性研究	淡江大學教育科技學系碩士在職專班
林智偉（2010）	桃園縣國民小學教育人員知覺校長科技領導之研究	國立臺北教育大學教育政策與管理研究所碩士論文
張維修（2010）	臺北縣國民中學校長科技領導運用於學校系統改善之研究	國立臺北教育大學教育政策與管理研究所碩士論文
陳鈞泓（2011）	屏東縣國民小學科技領導、組織學習、創新經營與學校效能關係之研究	國立屏東教育大學教育行政研究所碩士論文
張奉珍（2011）	國小校長科技領導與教師抗拒力對資訊融入教學之影響	大葉大學管理學院碩士在職專班碩士論文
蔡佳宏（2011）	新北市國民小學校長科技領導與教師創新教學關係之研究	國立臺北教育大學教育經營與管理學系碩士論文
王麗玲（2011）	國民中學教師知覺校長科技領導與教師班級網頁管理關係之研究	國立嘉義大學教育行政與政策發展研究所碩士論文
陳虹君（2011）	國小教師知覺校長科技領導與教師教學自我效能關係之研究	國立臺北科技大學技術及職業教育研究所碩士論文
詹仁財（2011）	新北市國民小學校長科技領導與教師資訊融入教學相關之研究	輔仁大學教育領導與發展研究所碩士論文
李映嵐（2011）	雲林縣國民小學校長科技領導與學校創新經營之研究	國立嘉義大學教育行政與政策發展研究所碩士論文
洪逸暉（2011）	國民小學校長科技領導、創新經營與學校效能關係之研究	開南大學公共事務管理研究所在職專班論文
余徹鵬（2011）	國民小學校長科技領導、教師科技素養與創新教學之研究	國立政治大學學校行政碩士在職專班
謝文斌（2011）	高級中學校長科技領導模式之研究	國立臺灣師範大學科技應用與人力資源發展學系博士論文
蔡玉芬（2011）	宜蘭縣國民小學校長「科技領導」策略之研究	佛光大學未來學系碩士論文
夏明義（2011）	公立小學校長科技領導的個案研究	國立東華大學教育行政與管理學系碩士論文

研究者／年代	論文名稱	學校單位／學位
蕭文智（2012）	國民小學校長科技領導、學校 ICT 運用與學生學習表現關係之研究	國立新竹教育大學人資處教育行政碩士專班
章康義（2013）	桃園縣國民小學校長科技領導與教師知識管理關係之研究	臺北市立教育大學教育行政與評鑑研究所教育行政碩士學位在職進修專班
沈佳慧（2013）	國民小學校長科技領導、校園科技環境與教師資訊科技素養之研究	國立嘉義大學教育行政與政策發展研究所碩士論文
蔡明翰（2013）	國小校長科技領導、教師專業學習社群與教師幸福感關係之研究：以桃園縣為例	中原大學教育研究所碩士論文
何寶妍（2013）	臺灣地區國民小學校長科技領導對智慧教室創新擴散影響之研究	國立政治大學學校行政碩士在職專班
王文霖（2013）	國民中學校長科技領導、資訊融入教學與學校教育品質關係之研究	國立屏東教育大學教育行政研究所博士論文
江俊賢（2014）	國中校長科技領導與學校永續經營關係之研究——以組織學習為中介變項	國立嘉義大學教育學系研究所博士論文
林彥輝（2014）	國民小學校長科技領導、學校知識管理與教師教學效能關係之研究	國立政治大學學校行政碩士在職專班論文
官柳延（2014）	國民小學校長科技領導、教師教學創新與學生學術樂觀關係之研究	國立新竹教育大學教育行政碩士學位在職進修專班論文
林怡均（2014）	屏東縣國民小學校長科技領導模式與教師創新教學能力關係之研究	國立屏東大學教育行政研究所碩士論文
蔡明政（2014）	校長科技領導、教師資訊素養及教師教學效能關係之研究：以桃園縣國小為例	中原大學教育研究所碩士論文
邱玉梅（2014）	教育大學校長科技領導與學校效能關係之研究	國立臺北教育大學教育經營與管理學系碩士論文
陳靜茹（2015）	桃園市國民中學校長科技領導與教師資訊素養關係之研究	輔仁大學教育領導與發展研究所碩士在職專班論文
吳姿樺（2015）	幼兒園教師知覺主管科技領導與其資訊科技融入教學實施意願之相關研究	南臺科技大學教育領導與評鑑研究所碩士論文

研究者／年代	論文名稱	學校單位／學位
陳志強（2015）	國民中學校長科技領導、教師資訊素養與教師工作滿意度關係之研究：以桃園市為例	中原大學教育研究所碩士論文
呂清輝（2015）	桃園市國小校長科技領導與教師資訊素養之研究	大葉大學資訊管理學系碩士論文
韓佩玉（2015）	國民小學校長科技領導、教師知識分享、教師資訊素養與學校效能關係之研究	國立屏東大學教育行政研究所碩士論文
陳嘉珮（2015）	國小校長科技領導之個案研究	臺北市立大學學習與媒材設計學系課程與教學碩士班論文
陳芃均（2016）	新竹市國民小學校長科技領導與教師教學效能關係之研究	國立新竹教育大學教育與學習科技學系教育行政碩士在職專班論文
陳心怡（2016）	花蓮縣國小校長科技領導、授權領導與學校效能關係研究	國立臺東大學進修部暑期學校行政碩士班論文
羅聰欽（2016）	高級職業學校校長科技領導與學校效能之研究	國立彰化師範大學工業教育與技術學系博士論文
沈玟婷（2016）	新北市國民中學校長科技領導對學校創新經營影響之研究	國立政治大學教育學系碩士論文
馬蘭英（2016）	新北市國民中學科技領導與團隊合作學習成效之個案研究	國立政治大學學校行政碩士在職專班論文
鍾政淦（2016）	國小校長科技領導、教師組織公民行為與學校創新經營效能關係之研究——以桃園市為例	中原大學教育研究所碩士論文
張坤宏（2016）	國民小學校長科技領導、學校公共關係、組織創新經營與學校效能關係之研究	國立屏東大學教育行政研究所博士論文
王佳琦（2016）	高雄市國民小學校長科技領導、教師正向心理資本與學校效能關係之研究	國立高雄師範大學教育學系碩士論文
謝宜臻（2017）	嘉義縣國民小學校長科技領導與組織效能之研究	國立嘉義大學教育行政與政策發展研究所碩士論文

研究者／年代	論文名稱	學校單位／學位
蕭帆（2017）	基隆市公立國民中學校長科技領導、科技接受模式與資訊科技融入教學關係之研究	國立政治大學教育行政與政策研究所碩士論文
戴慧冕（2017）	新北市國民中學校長科技領導對學生學術樂觀之研究：以教師教學創新為中介變項	國立政治大學學校行政碩士在職專班
胡瓊之（2017）	桃園市國民中學校長科技領導、教師專業學習社群與學校創新經營關係之研究	國立政治大學學校行政碩士在職專班
黃明勝（2017）	高雄市國中校長科技領導、組織變革與學校競爭優勢關係之研究	國立高雄師範大學教育學系博士論文
蘇峻弘（2017）	新北市公立國民中學校長科技領導與行政效能關係之研究	輔仁大學教育領導與發展研究所碩士在職專班論文
林哲瑋（2018）	宜蘭縣國小校長科技領導之個案研究：以行動學習推動學校為例	佛光大學資訊應用學系碩士論文
陳彥宏（2018）	華人地區中小學校長科技領導 i-VISA 指標建構之研究	國立政治大學教育行政與政策研究所碩士論文
陳怡華（2018）	新北市國中教師知覺校長科技領導行為與學校效能關係之研究	國立臺灣海洋大學教育研究所碩士論文
張奕財（2018）	智慧學校校長科技領導、教師專業發展與創新經營效能關係之研究	國立政治大學教育學系博士論文
孟珈卉（2018）	校長科技領導與學校效能關係之研究：後設分析之應用	國立政治大學教育行政與政策研究所碩士論文
林寬豪（2018）	新北市國民小學校長科技領導與學校效能關係之研究	國立臺北教育大學社會與區域發展學系碩士論文
許幸（2018）	中國大陸中學校長科技領導現況及其案例分析之研究	國立政治大學教育學系碩士論文
吳秋蓉（2018）	南部四縣市國民小學校長科技領導與學校效能關係之研究 - 以教師知識管理、組織文化為中介變項	國立高雄師範大學教育學系博士論文

研究者／年代	論文名稱	學校單位／學位
林振宇（2018）	校長科技領導趨勢下國民小學教師專業發展三層式鷹架指標建構及其案例之研究	國立政治大學教育行政與政策研究所碩士論文
黃瑛修（2019）	國民中學校長科技領導 i-VISA 指標建構之研究	國立政治大學學校行政碩士在職專班
江佳齡（2019）	國民小學校長科技領導 i-VISA 指標建構之研究	國立政治大學學校行政碩士在職專班

　　以在表 3-1 內的《智慧學校校長科技領導、教師專業發展與創新經營效能關係之研究》博士論文爲例，張奕財（2018）以國內智慧學校教師爲研究對象，透過立意取樣 60 校，共 798 位教師進行問卷調查，有效樣本爲 622 份，達 84.97%。分別以描述性統計、獨立樣本 t 考驗、單因子變異數分析、皮爾森積差相關及結構方程模式進行統計分析與驗證。依據研究結果與分析，研究主要發現如下：
一、智慧學校校長科技領導整體構面表現爲高度知覺程度，以「科技設施支持」最高，而「教育評鑑研究」最低。二、智慧學校教師專業發展整體構面表現爲中高度知覺程度，以「敬業精神態度」最高，而「課程教學實踐」最低。三、智慧學校創新經營效能整體構面表現爲高度知覺程度，以「環境設備創新效能」最高，而「課程教學創新效能」最低。四、教師知覺智慧學校校長科技領導的程度，在不同年齡、現任職務、每週使用智慧教室的次數、學校規模與建置智慧教室的規模等背景變項，具有顯著差異。
五、教師知覺智慧學校教師專業發展的程度，在不同性別、年齡、現任職務、服務年資與每週使用智慧教室的次數等背景變項，具有顯著差異。
六、教師知覺智慧學校創新經營效能的程度，在不同性別、年齡、服務年資、每週使用智慧教室的次數與學校規模等背景變項，具有顯著差異。
七、智慧學校校長科技領導、教師專業發展與創新經營效能三者之間具有正向關聯。八、智慧學校校長科技領導與教師專業發展對創新經營效能具有正向預測力，其中「人際關係溝通」是主要的預測變項。九、智慧學校校長科技領導可透過教師專業發展的中介效果，影響創新經營效能。

貳、科技領導期刊論文研究

筆者在臺灣期刊論文索引系統的查詢值輸入「科技領導」，查詢結果共有 34 料（表 3-2），出現在 20 種刊名，其中以教育研究月刊的 7 筆為最多；類目主要為「社會科學」，最近一年為 2017 年。資料性質為學術性計有 34 筆。

表 3-2　國內科技領導期刊論文

研究者／年代	論文名稱	期刊名稱
葉連祺（2017）	應用社會網絡分析探討學習領導與科技領導及其他變項之關係	學校行政
王瑞壎（2016）	科技領導在學校組織應用之研究	科際整合月刊
謝傳崇、蕭文智、官柳延（2016）	國民小學校長科技領導、教師教學創新與學生樂學態度關係之研究	教育研究與發展期刊
石文傑、馮啟峰、劉偉欽、羅聰欽（2015）	高職校長科技領導能力指標之探討	科技與工程教育學刊
黃靖文、方翌（2014）	科技領導與創新經營關係之研究：組織學習之中介效果	教育學誌
謝傳崇、蕭文智（2013）	國民小學校長科技領導與學生學習表現關係之研究：以學校 ICT 運用為中介變項	教育理論與實踐學刊
戴建耘、陳宛非、韓長澤、賴慕回、高曼婷（2013）	臺北市中小學校長科技領導之創新關切與科技接受度研究	科學教育學刊
吳金盛、李柏圍（2012）	臺北市中小學校長科技領導課程實施成效之研究	教師天地
張奕華、張奕財	教育雲端與科技領導：以 TEAM Model 智慧教室為例	教育研究月刊
張宇樑（2012）	國小教師知覺校長科技領導之研究	教學科技與媒體
蔡東鐘、黃曉筠（2011）	國小教師對校長科技領導表現觀點之調查研究：以臺東縣為例	教學科技與媒體
張奕華、吳怡佳（2011）	國民小學校長科技領導、知識管理與學校效能結構關係之驗證	教育行政與評鑑學刊

研究者／年代	論文名稱	期刊名稱
張奕華、張敏章（2010）	臺北縣國民小學校長科技領導對學校效能影響之研究	學校行政
張奕華、蔡瑞倫（2010）	國民中學校長科技領導與學校效能關係之研究	學校行政
張奕華、張敏章（2009）	數位時代中提升學校效能新途徑：科技領導與 DDDM 模式	教育研究月刊
林彥宏（2009）	科技領導對學校行政管理創新之影響：以臺北市國民中學為例	學校行政
張奕華、許正妹（2009）	校長科技領導對教師資訊科技素養影響路徑之研究：以都會型國民小學為例	初等教育學刊
張奕華、許丞芳（2009）	國民中小學校長科技領導指標建構之研究	教育行政與評鑑學刊
蔡珮夙（2009）	校長科技領導對學校行政經營的啟示：淺談教師角色定位	師說
葉兆祺（2009）	科技領導在國中小教育現場的理論與實踐	南投文教
張奕華（2008）	科技領導與專業社群：創新採用測量模式之應用	教育研究月刊
張奕華、吳怡佳（2008）	校長科技領導與教師教學效能關係之研究	教育研究與發展期刊
張奕華（2008）	校長科技領導：角色責任、模式與案例分析	教師天地
張盈霏（2007）	國民中學校長科技領導、知識管理與學校效能關係之研究	萬芳學報
張奕華（2007）	學校科技領導與管理：行政人員科技標準和任務	教育研究月刊
張奕華、蕭霖、許正妹（2007）	學校科技領導向度與指標發展之研究	教育政策論壇
張奕華（2006）	科技領導理論基礎與培訓課程範例	教育研究月刊
吳清山、林天祐（2006）	科技領導	教育資料與研究
秦夢群、張奕華（2006）	校長科技領導層面與實施現況之研究	教育與心理研究

研究者／年代	論文名稱	期刊名稱
張奕華、曾大千（2005）	美國科技領導學院發展趨勢及其對我國中小學學校行政的啟示	國立編譯館館刊
謝文斌（2004）	論析中小學校長專業發展的新面向：科技領導	中等教育
張奕華（2003）	美國中小學校長領導的新趨勢：科技領導	教育研究月刊
葉連祺（2003）	科技領導	教育研究月刊
張奕華（2003）	評量校長有效能的科技領導向度：結構方程模式的應用	教育政策論壇

第二節　國外科技領導實證研究

壹、科技領導博士論文

　　筆者在美加地區碩博士論文線上資料庫（ProQuest Dissertations & Theses A&I）輸入「科技領導」（technology leadership），所搜尋到的博士論文（2000 年至 2019 年）如表 3-3 所示：

表 3-3　國外科技領導博士論文

研究者／年代	博士論文中／英文題目	畢業學校
Rogers, Bonnie Anna (2000)	教師對校長科技領導的看法與教育技術整合的相關性 The correlation between teachers' perceptions of principals' technology leadership and the integration of educational technology	Ball State University
Ford, Jody I. (2000)	確認內布拉斯加州 K-12 科技領導者的科技領導能力 Identifying technology leadership competencies for Nebraska's K-12 technology leaders	The University of Nebraska - Lincoln

研究者／年代	博士論文中／英文題目	畢業學校
Maxwell, Linda Elaine (2001)	校長對小學所需科技領導的知覺 Principals' perceptions of needed leadership in technology in elementary schools	The University of Alabama at Birmingham
Kadela, Theodore (2002)	小學校長的科技領導：標準，能力和整合 Technology leadership of elementary principals: Standards, competencies, and integration	Seton Hall University
Nash, Gary Wynne (2002)	東德克薩斯州學區教育局長作為科技領導者的案例研究 A case study of the superintendent as technology leader in an East Texas school district	Stephen F. Austin State University
Hudanich, Nancy Viscuso (2002)	確認新澤西州學區教育局長的教育科技領導能力 Identifying educational technology leadership competencies for New Jersey's school superintendents	Seton Hall University
Matthews, Alvin Wesley (2002)	國民中學科技領導：質化案例研究 Technology leadership at a junior high school: A qualitative case study	University of Nevada, Las Vegas
Chang, I-Hua (2002)	評量校長在實施教育科技政策的領導力：結構方程模式的應用 Assessing principals' leadership in implementing educational technology policies: An application of structural equation modeling	University of Missouri - Columbia
Dinnen, Robert William (2003)	決策風格、科技培訓、接受和使用之間的關係 The relationship between decision style, technology training, acceptance and use	Robert Morris University
Frazier, Max K. (2003)	K-12 學區的科技協調員：科技領導者指南的研究、發展和驗證 The technology coordinator in K–12 school districts: The research, development, and validation of a technology leader's guide	Kansas State University

研究者／年代	博士論文中／英文題目	畢業學校
Ury, Gary Gene (2003)	密蘇里州公立學校校長的電腦使用和科技標準的符合性 Missouri public school principals' computer usage and conformity to technology standards	University of Missouri - Columbia
Bridges, James William (2003)	校長影響力：使用科技支持強大的新形式學習的願景 Principal influence: Sustaining a vision for powerful new forms of learning using technology	University of California, Los Angeles
Ott, Bobby Carl (2003)	鄉村和經濟上處於不利地位的學區的科技實施領導行為：選定的地區人員觀念 The acts of leadership in technology implementation in rural and economically disadvantaged school districts: Selected district personnel perceptions	The University of Texas at Austin
Seay, D. Alan (2004)	德州高中校長科技領導力研究 A study of the technology leadership of Texas high school principals	University of North Texas
Battle, Michael C. (2004)	教育局長對教育科技領導力的知覺 Superintendents' perceptions of educational technology leadership	The University of Southern Mississippi
Scott, Georgann (2005)	教育人員對校長科技領導能力的知覺 Educator perceptions of principal technology leadership competencies	The University of Oklahoma
Matthews, Kevin R. (2006)	基於校園績效責任等級探討高中校長對科技建置的知覺與提高學生成績和實際學生成績之關係 The relationship between the high school principal's perception of the deployment of technology to increase student achievement and actual student achievement based on the campus accountability rating	Texas A&M University
di Benedetto, Rose (2006)	獨立學校領導如何建立學校的教育科技領導能力？多元案例研究 How do independent school leaders build the educational technology leadership capacity of the school? A multi-site case study	Drexel University

研究者／年代	博士論文中／英文題目	畢業學校
Yoho, Judith Keegan (2006)	科技領導、科技整合以及學校在閱讀和數學的表現：K-12 公立學校的相關研究 Technology leadership, technology integration, and school performance in reading and math: A correlation study in K–12 public schools	The Pennsylvania State University
Weber, Mark J. (2006)	德州公立小學校長的電腦科技應用與科技領導力研究 A study of computer technology use and technology leadership of Texas elementary public school principals	University of North Texas
Kozloski, Kristen C. (2006)	科技整合的校長領導：校長領導研究 Principal leadership for technology integration: A study of principal technology leadership	Drexel University
Langran, Elizabeth (2006)	科技領導：校長、科技協調員和科技如何在 K-12 學校互動 Technology leadership: How principals, technology coordinators, and technology interact in K–12 schools	University of Virginia
Persaud, Bheam (2006)	學校行政人員對其在科技整合中的領導角色的知覺 School administrators' perspective on their leadership role in technology integration	Walden University
Oubre, Alan Jennings (2007)	二十一世紀學校（21S）計畫中學校領導者的科技領導能力 Technological leadership proficiency among school administrators in the Twenty -First Century Schools（21S）initiative	The University of Southern Mississippi
Billheimer, Dixie M. (2007)	西維尼亞州校長之研究：科技標準、專業發展和有效的教學科技領導者 A study of West Virginia principals: Technology standards, professional development, and effective instructional technology leaders	Marshall University

研究者／年代	博士論文中／英文題目	畢業學校
Perrenoud, Ronald L. (2007)	利用科技變革實施對愛達荷州小型鄉村學區教育局長的科技能力和責任之研究 A study of the technology competencies and responsibilities of superintendents of small rural school districts in Idaho with the implementation of technology changes	Idaho State University
Davis, Greg (2008)	教育科技領導力評量問卷之發展和現場測試 The development and field test of the Education Technology Leadership Assessment survey	Iowa State University
Miller, Michelle L. (2008)	確認小學科技領導力層面之混合方法研究 A mixed-methods study to identify aspects of technology leadership in elementary schools	Regent University
Page-Jones, Alexandra B. (2008)	領導行為和科技活動：校長與學校科技使用之關係 Leadership behavior and technology activities: The relationship between principals and technology use in schools	University of Central Florida
Connolly, Mark A. (2008)	從科技領導、管理和政策金字塔觀點對學區科技整合進行質性分析：約翰柯林斯博士透過教師科技使用的知覺所發展的理論模型 A qualitative analysis of the integration of technology at the school district level in terms of the Technology Leadership, Management, and Policy Pyramid: A theoretical model developed by Dr. John Collins through the perceptions of technology-using teachers	Seton Hall University
Watts, Cathy Dianne (2009)	科技領導、學校氣候與科技整合：K-12公立學校的相關研究 Technology leadership, school climate, and technology integration: A correlation study in K–12 public schools	The University of Alabama

智慧學校校長科技領導——理論實務與案例

研究者／年代	博士論文中／英文題目	畢業學校
Plotkin, Sookhee Kim (2009)	小學媒體專家作為校本科技支持領導者：科技和領導技能對教師科技使用的影響 Elementary media specialists as school-based technology support leaders: Effects of technology and leadership skills on teachers' technology use	The Johns Hopkins University
Garcia, Alejandro (2009)	小學校長成為科技領導者之發展 The development of the elementary principal as a technology leader	The University of Texas - Pan American
Smiley, Robert W. (2009)	K-12 公立學校教育科技計畫的系統和領導特徵：了解數據使用、決策背景因素 Characteristics of systems and leadership in K-12 public school educational technology programs: Understanding data use, decision making, and contextual factors	The University of Wisconsin - Madison
Grey-Bowen, Judith E. (2010)	邁阿密：戴德縣公立小學校長科技領導研究 A study of technology leadership among elementary public school principals in Miami-Dade County	St. Thomas University
Galla, Anthony J. (2010)	教育科技：領導與實施 Educational Technology: Leadership and Implementation	Loyola Marymount University
Rivard, Lisa R. (2010)	透過科技強化教育：學校科技整合的校長領導 Enhancing education through technology: Principal leadership for technology integration in schools	Wayne State University
Lafont, Shannon Lee Bourgeois (2011)	校長科技領導與教師科技運用的關係 The relationship between principals' technology leadership and the teachers' use of technology	Southeastern Louisiana University
Smith, Gerry (2011)	學校校長的教學科技領導能力和課堂上科技的有效利用 Instructional technology leadership ability of the school principal and effective use of technology in the classroom	Argosy University

智慧學校校長科技領導——理論實務與案例

研究者／年代	博士論文中／英文題目	畢業學校
Duncan, Jeffrey A. (2011)	評估校長科技領導力：全州調查 An Assessment of Principals' Technology Leadership: A Statewide Survey	Virginia Commonwealth University
Ritt, Hilary (2011)	科技領導與輔導：教師整合科技與課堂實踐的支持系統 Technology Leadership and Coaching: A Support System for Teachers Integrating Technology with Classroom Practice	University of Virginia
Bolman, David B. (2012)	審視科技領導行為與計畫成功的關係 Examining the relationship between technology leadership behaviors and project success	Northcentral University
Cummings, Cynthia D. (2012)	德州郊區獨立學區小學校長的科技領導力研究 A study of technology leadership among elementary principals in a suburban Texas independent school district	Lamar University - Beaumont
Fisher, Donna Marie (2013)	21 世紀的校長：德州 K-12 學校科技領導和科技整合之相關研究 The 21st-century principal: A correlational study of technology leadership and technology integration in Texas K-12 schools	Texas A&M University - Commerce
Bobbera, Robert L. (2013)	發展校長領導學校內部科技整合的能力：行動研究 Developing the principal's capacity to lead technology integration within the school: An action research study	Capella University
Lichucki, Michael (2013)	探討鄉村學區教育科技領導知覺之案例研究 A case study exploring the perceptions of educational technology leadership in a rural school district	Northcentral University
Biggs, Sharon M. (2013)	教育局長對影響其學區科技領導實踐的障礙的信念 Superintendents' beliefs about barriers that can influence their district technology leadership practices	Seton Hall University

研究者／年代	博士論文中／英文題目	畢業學校
Curnyn, Molly A. (2013)	内布拉斯加州校長科技領導要件 Technology leadership conditions among Nebraska school principals	University of South Dakota
Townsend, LaTricia Walker (2013)	校長教學科技領導之探討 An Exploration of Principal Instructional Technology Leadership	North Carolina State University
Webster, Mark David (2013)	教育科技領導中的科技哲學假設：質疑科技決定論 Philosophy of technology assumptions in educational technology leadership: Questioning technological determinism	Northcentral University
Velastegui, Pamela J. (2013)	三所獨立學校中自然興起的科技領導角色：社會網絡的模糊集質化比較分析案例 Naturally-Emerging Technology-Based Leadership Roles in Three Independent Schools: A Social Network-Based Case Study Using Fuzzy Set Qualitative Comparative Analysis	Long Island University
Draper, Kathryn L.(2013)	檢視都會學校校長科技領導與科技整合關係 An examination of the relationship between principal technology leadership and technology integration in urban schools	The University of Oklahoma
Toh, Yancy (2013)	支持使用資訊通信科技作為學生為中心的學習：新加坡資訊通信科技饒富小學的科技領導案例研究 Sustaining the use of ICT for student-centered learning: A case study of technology leadership in a Singapore ICT-enriched primary school	University of Leicester（United Kingdom）
Gottwig, Bruce Ryan (2013)	高中校長科技領導對企業贊助資訊通信科技課程之支持性影響 The impact of high school principal's technology leadership on the sustainability of corporate sponsored information communication technology curriculum	University of Montana

研究者／年代	博士論文中／英文題目	畢業學校
Porche, Bradley (2014)	美國公立聾人學校科技領導之調查 An investigation of technology leadership among state schools for the deaf in the United States	Lamar University - Beaumont
Wang, Yinying (2014)	解決學術研究之不足：教育科技領導研究合作的社會網絡分析 Addressing the dearth of scholarship: A social network analysis of research collaboration in educational technology leadership	University of Cincinnati
Yokley, Janis (2015)	問題導向學習計畫調查密蘇里州中等學校行政人員科技領導和管理之準備度 A problem-based learning project investigating Missouri secondary administrator preparedness for technology leadership and management	Saint Louis University
Brunson, Melissa A (2015)	國小校長的科技領導能力 Technology leadership competencies for elementary principals	Bowie State University
Depew, Randall W. (2015)	調查 K-12 公立學校校長科技教學學科知識（TPACK）和科技領導能力 Investigating the Technological Pedagogical Content Knowledge (TPACK) and Technology Leadership Capacities of K-12 Public School Principals	Brandman University
Ahmad, Amna Khurshid (2015)	德菲爾研究：科技領導網絡對 ISTE 專業學習社區科技整合基本條件的看法 A Delphi study: Technology leadership network's perceptions of ISTE essential conditions for technology integration in professional learning communities	Brandman University
Klimczak, Susan Marie (2015)	校長教育科技領導對應 ISTE NETSA-2009 之知覺 Principals' Perceptions of Educational Technology Leadership Aligned to the ISTE NETSA-2009	Roosevelt University

智慧學校校長科技領導——理論實務與案例

研究者／年代	博士論文中／英文題目	畢業學校
Holland, Donald James (2015)	校長科技領導和學生成就 Principal technology leadership and student achievement	University of West Georgia
Hall, Steven E. (2015)	中學的科技領導：教師對於行政人員之願景、角色、行動和障礙的觀點的回應 Technology Leadership in Secondary Schools: Teachers' Responses to Administrators' Perspectives Regarding Vision, Roles, Actions and Barriers	George Mason University
Linke, Deborah L. (2016)	科技整合領導：中學校長的角色 Leadership for Technology Integration: The Role of Building Principals at the Middle Level	Central Connecticut State University
McGrath, Patrick M., Jr. (2016)	調查學校的資訊科技領導模式 Investigating IT leadership models in schools	State University of New York at Albany
Esplin, Nathan L.(2017)	猶他州小學校長成為科技領導者之培訓 Utah elementary school principals preparation as technology leaders	Utah State University
Hailey, Stephen Clifford (2017)	領導對 K-12 學校科技整合實踐之影響 The Impact of Leadership on Technology Integration Practices in K-12 Schools	Delaware State University
Domeny, Jami V. (2017)	小學數位領導與數位化實施之關係 The Relationship Between Digital Leadership and Digital Implementation in Elementary Schools	Southwest Baptist University
Huer, Jonathan Blake (2018)	高等教育科技領導：德懷術之研究 Higher Education Technology Leadership: A Delphi Study	Lamar University - Beaumont
Bowers, Barbra Pottorf (2018)	科技領導力：探討校長經歷的挑戰之質化案例研究 Technology leadership: A qualitative exploratory multiple case study identifying challenges principals experience	University of Phoenix

研究者／年代	博士論文中／英文題目	畢業學校
Muchenje, Kimberly Tomeka Hill (2018)	行政人員對國際科技學會教育行政人員標準和維吉尼亞州教學人員科技標準之知識、重要性和認知 Administrators' Perceived Knowledge, Importance, and Perceptions of the International Society for Technology in Education Standards for Administrators and Virginia Technology Standards for Instructional Personnel	Mississippi State University
Schoenbart, Adam J. (2019)	校長對科技領導與行為的知覺：混合方法研究 Principals' perceptions of their technology leadership & behaviors: A mixed methods study	Manhattanville College
Graves, Kenneth Edward (2019)	在新的數位落差中擾亂數位規範：透過多層次潛在階級分析走向社會正義科技領導的概念和經驗架構 Disrupting the Digital Norm in the New Digital Divide: Toward a Conceptual and Empirical Framework of Technology Leadership for Social Justice through Multilevel Latent Class Analysis	Columbia University

貳、評量校長在實施教育科技政策的領導力：結構方程模式的應用

以表 3-3 內的《評量校長在實施教育科技政策的領導力：結構方程模式的應用》（Assessing principals' leadership in implementing educational technology policies: An application of structural equation modeling）博士論文為例，張奕華（2002）針對美國中西部一個中型公立學區（3 所高中、6 所國中以及 18 所小學，教師共計 1300 名）中隨機抽樣 500 名教職員，讓研究對象衡量校長的科技領導效能（亦即校長在學校中促進科技使用的角色）；研究樣本的教職員包括專任教師、實習教師、媒體專家、科技協

調者。該研究之具體目的如下：(1) 探討科技領導的研究現況；(2) 分析科技領導的衡量層面；(3) 檢視人際關係與溝通技巧是科技領導的前提；(4) 了解教育人員對校長科技領導效能的知覺。研究結果之結構方程模式指出，觀察變項（四項層面：願景、計畫與管理；成員發展與訓練；科技與基本設施支持；評鑑與研究）能成為潛在變項（科技領導）的有效測量指標，亦即四項層面能有效的解釋校長的科技領導。研究發現，校長欲成為有效能的科技領導者，必須在學校中發展與執行科技遠景和長期科技計畫、鼓勵教師的科技發展與訓練活動、提供適當的基本設施與科技支援、以及為學校發展有效的科技評鑑計畫。校長愈能抱持科技領導者的角色，愈能有效地帶領學校迎接 21 世紀的挑戰。更重要的是，校長必須讓學校獲得新興科技資源，以讓師生致力於教導與學習。換言之，該研究建構出科技領導層面，可協助校長們發展必要的知識與技巧，促進科技的使用以增進學校效能。

第三節　校長科技領導、教師專業發展與創新經營效能結構模式之檢驗

壹、調查研究對象

　　校長若能善用科技領導的策略，引領教師專業發展的推動，則應能提升教師的專業知能及教學效能。智慧教育帶入課堂中，強調學生學習的自主性，將教學活動轉化成科技創新模式，設計良好的課程內容，以提升學習品質與成效。校長科技領導、教師專業發展與創新經營效能對智慧學校來說，是當前教育發展脈絡不可或缺的建設工程，實具有正面意涵。張奕財（2018）針對智慧學校（係建置智慧教室環境的校園，以智慧「教」與「學」面向發展之學校），並依據天下雜誌（2017）、臺灣科技領導與教學科技發展協會（2017）及財團法人臺灣閱讀文化基金會（2016）、臺灣三星電子（2014）設置「SMART School」智慧教室學校為準，並參考《臺灣地區國民小學校長科技領導對智慧教室創新擴散影響之研究》（何

寶妍，2013）與《桃園智慧城市之智慧教育發展計畫——智慧學校啟用》（網奕資訊，2017），彙整智慧學校共計 90 所，針對智慧學校調查研究係採立意取樣，主要分析的對象為 106 學年度全國智慧學校現職的教育人員，其教師相關數據以該縣市政府教育局（處）網站公告之學校名冊為依據。取樣母群體以教師兼主任、教師兼組長、導師／級任教師及專任教師／科任教師，作為調查主要資料採集的對象。本研究立意抽取智慧學校進行調查，依據不同的學校規模「49 班（含）以上」、「25～48 班」、「13～24 班」及「12（含）班以下」，各抽取 24 人、18 人、12 人及 6 人，計問卷 798 份。

貳、研究工具

本研究經文獻整理與分析後，界定研究變項之內涵，作為研究架構的基礎，編製「智慧學校校長科技領導、教師專業發展與創新經營效能之調查問卷」，作為研究工具，內容區分為「基本資料」、「校長科技領導量表」、「教師專業發展量表」及「創新經營效能量表」四部分進行測量。

本研究智慧學校所採用之「校長科技領導量表」，係以張奕華（2003）《國民小學校長科技領導量表》、秦夢群與張奕華（2006）發展出《科技領導層面與實施現況之研究問卷》為立論基礎，原始量表之內部一致性信度係數達 .985，並參酌胡瓊之（2017）《國民中學校長科技領導問卷》編製，量表內容包含「願景計畫管理」、「成員發展訓練」、「科技設施支持」、「教育評鑑研究」及「人際關係溝通」五個構面，共計 25 題。受訪者在問卷上得分愈高，代表智慧學校創新經營效能愈高，反之愈低。本研究智慧學校所採用的「教師專業發展量表」，係以張奕華與吳權威（2017）《智慧教育之教師專業發展理念與案例》之「教師專業發展三層式鷹架」（teachers' professional development of three-level scaffold）——「智慧教師中的反思、探究、合作與分享」、「智慧模式中的新技術、新教法、新教材」及「智慧課堂中的教學展現力、學習洞察力和課堂調和力」要義為立論基礎；並參酌黃建翔與吳清山（2013）

《國民中學教師專業發展、專業承諾與教學效能關係之研究──以 TEPS 資料庫為例》之「課程教學合作」、「研習進修發展」及「行政資源支持」；吳麗真（2014）《國民小學教師專業發展量表》分析顯示，其原始量表內部一致性信度係數達 .973，整體總解釋變異量為 74.32%，具有適切性內涵及良好的信效度，對應智慧學校建構及發展之需，作為本量表編製依據，統合內涵層面為「課程教學實踐」、「敬業精神態度」、「科技素養應用」及「社群互動分享」四個構面，共計 20 題。受訪者在問卷上得分愈高，代表智慧學校創新經營效能愈高，反之愈低。本研究智慧學校所採用參照之「創新經營效能量表」整體信度佳，在信度分析上係以濮世緯（2003）整體 *Cronbach's α* 為 .9520 之「創新經營量表」、林新發等人（2007）整體 *Cronbach's α* 係數 .973 的「學校創新經營效能」量表及黃秋鑾（2009）整體量表 *Cronbach's α* 係數為 .960 的「國民中學學校創新經營效能」量表為發展立基，並綜合胡瓊之（2017）適配度考驗相關係數介於 .79 至 .90 的《國民中學校長科技領導、教師專業學習社群及學校創新經營調查問卷》進行編製，顯示出內部一致性，具有很好的信度指標及密切相關存在的依據。量表因素內容區分為「行政管理創新效能」、「課程教學創新效能」、「學生表現創新效能」、「環境設備創新效能」與「資源運用創新效能」五個構面，共計 25 題，受訪者在問卷上得分愈高，代表智慧學校創新經營效能愈高，反之愈低。

參、資料處理與分析

　　本研究編製「智慧學校校長科技領導、教師專業發展與學校創新經營效能關係之研究調查問卷」以搜集實證資料，運用 IBM SPSS for Windows 22.0 與 AMOS 22.0 統計套裝軟體，進行資料處理與分析，並以結構方程模式（SEM），檢定智慧學校校長科技領導、教師專業發展與創新經營效能之整體適配情形。

肆、假設模式路涇

本研究依據文獻探討之相關理論，建構「智慧學校校長科技領導、教師專業發展與創新經營效能模式」，推導潛在變項之間關係的假設模式路徑，如圖 3-1 所示。整個模型共有 1 個外衍潛在變項，2 個內衍潛在變項，5 個外衍測量變項，9 個內衍測量變項。外衍潛在變項「校長科技領導」（$\xi 1$）的測量變項：$\chi 1$ 為願景計畫管理、$\chi 2$ 為成員發展訓練、$\chi 3$ 為科技設施支持、$\chi 4$ 為教育評鑑研究及 $\chi 5$ 為人際關係溝通。內衍潛在變項「教師專業發展」（$\eta 1$）的測量變項：y1 為課程教學實踐、y2 為敬業精神態度、y3 為科技素養應用及 y4 為社群互動分享。內衍潛在變項「創新經營效能」（$\eta 2$）的測量變項：y5 為行政管理創新效能、y6 為課程教學創新效能、y7 為學生表現創新效能、y8 為環境設備創新效能及 y9 為資源運用創新效能。

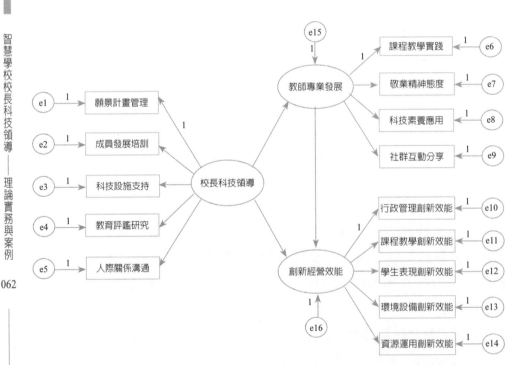

圖 3-1　智慧學校校長科技領導、教師專業發展與創新經營效能假設模式路徑
資料來源：張奕財（2018）。

伍、模式各因素之效果分析

如圖 3-2，「智慧學校校長科技領導、教師專業發展與創新經營效能」最終模式標準化參數估計值，各因素之估計結果及路徑分析得知，路徑係數除可衡量潛在預測變數對潛在效標變數之直接效果，潛在預測變數尚可藉由潛在中介變數，對潛在效標變數產生間接效果，兩者皆可藉由路徑係數計算而得，至於直接效果與間接效果的加總，則稱為總效果。茲將「智慧學校校長科技領導、教師專業發展與創新經營效能」各因素之效果分析，說明如下：

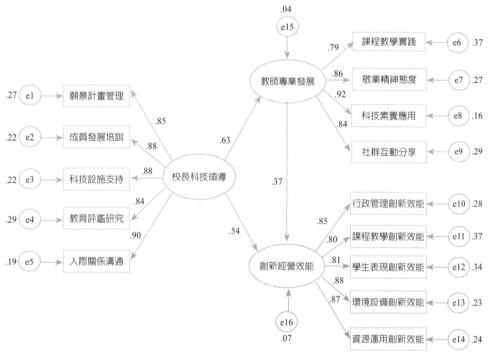

圖 3-2　本研究最終模式標準化參數估計值
資料來源：張奕財（2018）。

一、本研究最終模式各因素之直接效果

本研究「智慧學校校長科技領導、教師專業發展與創新經營效能」最終模式，各因素效果分析結果如表 3-1。校長科技領導對教師專業發展有

直接效果（γ11= .63，*p* < .001），表示校長科技領導得分高者，教師專業發展得分亦高。校長科技領導對創新經營效能有直接效果（γ21= .54，*p* < .001），表示校長科技領導，對創新經營效能有直接影響，校長科技領導得分高者，其創新經營效能得分亦高。教師專業發展對創新經營效能有直接效果（β21= .37，*p* < .001），表示教師專業發展得分高者，其創新經營效能高。

二、本研究最終模式各因素之間接效果

本研究最終模式，除各因素間的直接效果外，各因素間存在間接效果。由表 3-1 可知，智慧學校校長科技領導透過教師專業發展，對創新經營效能的間接效果為 .23（.63*.37=.23）；表示校長科技領導會透過教師專業發展對創新經營效能產生影響。

三、本研究最終模式各因素間之總效果

由上述最終模式各因素之直接效果及間接效果，校長科技領導對創新經營效能之總效果為 .77，教師專業發展對創新經營效能之總效果為 .37，計算各因素間之總效果，如表 3-1 所示：

表 3-1　校長科技領導、教師專業發展與創新經營效能模式之因素間效果分析表

自變項		依變項（內衍變項）			
		教師專業發展標準化效果	*t* 值	創新經營效能標準化效果	*t* 值
（外衍變項）校長科技領導	直接效果	.63	11.32***	.54	13.13***
	間接效果			.23	
	總效果	.63		.77	
（內衍變項）教師專業發展	直接效果			.37	12.10***
	間接效果				
	總效果			.37	12.10***

註：****p* < .001

第四章

智慧教育教師專業發展之北新國小模式

第一節　緒論

壹、問題緣起

　　數位時代來臨以後，生活中智慧型手機、平板電腦、筆記型電腦等行動載具無處不在，資訊科技改變人類的生活習慣，每日收發 E-mail、瀏覽網頁資料、進入網路社群等，成為日常生活的固定作息，多向、遠端、無國界學習成為不可抵擋的趨勢，身處在這個時代，學校教育與課堂教學應該不同以往，以實現高效率的學習。

　　因著時代的趨勢，學校尋求創新發展，自 2013 年初起，組織核心團隊，參與科技創新教學設計，創造生動、互動與主動的三動教學環境；並且透過雲端診斷分析，進行診斷教學與補救教學的 E 化學習洞察力，達成精確、精緻與精進的三精教學成效，在各領域發展出創新教學模式，實踐智慧教育，藉由科技與課程教學的整合，讓班班都是智慧教室，每節課都是智慧課堂，打造學習型智慧教育。

　　植基於智慧教育的理念，以應用資訊科技融入現代教育，提升教師教學的效能，增進學生學習成效，而作為能支持兩者發展的科技領導更以此為中心，自科技導入到科技接受，再經採用評估進而擴散應用至智慧創新，建構一個以理論為基礎、循證回饋為機制的完善推動及支持系統，成為一所具有智慧內涵的學校。

　　該校創新全國之先，實踐智慧教育學校，教師榮獲教育部行動科技優秀教師，校長榮獲全國科技領導卓越獎，學校榮獲全國創新經營與教學創新等兩項特優獎，堪為各級學校學習的典範。本文特此透過文獻探討與文件分析等研究方法，藉此了解該校推動智慧教育之發展歷程、策略與模

式，以提供其他各級學校之參考。

貳、研究目的

本研究以一所新北市北新國民小學為例，智慧教育之教師專業發展模式為題，其研究目的如下：

1. 智慧教育教師專業發展之理論依據為何？
2. 智慧教育教師專業發展之歷程為何？
3. 智慧教育教師專業發展之策略與模式為何？
4. 智慧教育教師專業發展之具體建議與未來發展方向？

參、名詞釋義

「智慧教育」係指應用 ICT 促進教育的革新與發展為宗旨，以發展智慧學校為基礎，以發展智慧學區為願景，應用 ICT 的輔助，發展充滿智慧教育環境，應用現代教育理念，發展以學生為中心的教育理想，實現適性揚才、公平均質的境界。（張奕華、吳權威，2014）

智慧教育：智慧以 SMART 五的英文字母為首，作為學校發展的願景方向：「S」以學生為中心（Student-centered approach），「M」激發學習動機（Motivate Students to Learn）；「A」多元裝置自主學習（Any-device＋Anyone、Anytime、Anywhere）；「R」提供環境資源（Resource availability and diversity）、「T」：實踐智慧教育（Technology & Teacher support）。

智慧教育之教學跳脫以「教」為目標的教學模式，以學生為中心，了解學生如何「學」，將科技引入教育的智慧課堂當中，透過多元取向引起學生學習動機、讓學生使用任何科技載具接近學習入口、提供豐富的學習資源、科技支持與服務教學和學習、透過診斷工具和雲端服務供即時的學習評量結果，以及教師以科技創新教學和精進教學，有效提升學生學習的成效。

第二節　文獻探討

　　經文件分析結果發現，該校以「智慧北新、美 LEAD 創新」為校務經營願景，所謂「智慧北新」為內涵兼重軟體經營與硬體搭建，支持智慧行政與智慧教學，以科技領導力 LEAD 教學科技力，讓學生學習得利；「美 LEAD 創新」為架構於校長科技領導理論，導入有用性與易用性科技接受策略，以人本為中心，溝通關懷，持續擴散，不斷創新，透過智慧社群（Learning community）、智慧教室（Equipment support）、智慧教學（smarter teAching）、智慧決策（Decision-making）的 LEAD 模式引領，成為既美 LEAD 又創新的智慧學校。

　　美 LEAD 創新之教師專業發展的基礎理論包含智慧教育之智慧教師三層鷹架模式、科技接受模式、TPCK 教育科技融入模式、DDDM 資料導向決策模式（如圖 4-1）。以智慧社群發展，建構專業發展支持系統；

圖 4-1　美 LEAD 創新之教師專業發展理論模式

以智慧教室布建，發展智慧校園藍圖；以探究、合作、分享、反思歷程，
創造智慧教學模式；以高效採集教學數據基礎，提升教育決策品質。

壹、教師專業發展三層式鷹架理論

「智慧教育之教師專業發展三層式鷹架」（如圖4-2），是應用智
慧教室支持系統，輔助教師專業發展，創造系統性改變的鷹架。從傳統
PCK框架（Shulman, 1986），加入了科技T元素，發展出了TPCK框架
（Mishra & Koehler, 2006）。教師專業發展三層式鷹架理念，加入了整
合型的科技系統，結合教師專業發展的RICS模型，包括反思、探究、合
作、分享模型（Borthwick & Pierson, 2008），以及智慧課堂教師的DIA
三種教學能力，包括教學展現力（Teaching Demonstration）、學習洞察
力（Learning Insight）和課堂調和力（Lecture Adaptability）等，在智慧
教室支持系統下，成為理想的專師專業發展鷹架（引自張奕華和吳權威，
2015）。

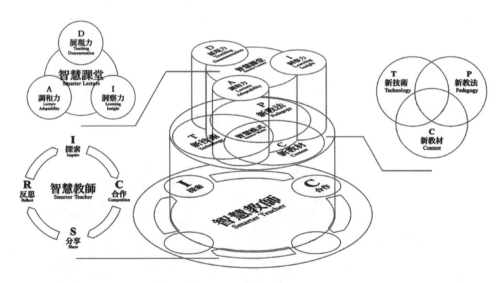

圖4-2　智慧教育之教師專業發展三層式鷹架理論（張奕華和吳權威，2015）

貳、創新擴散與科技接受整合模式

　　科技接受模型（Technology Acceptance Model，簡稱 TAM）為 1986年 Davis 根據理性行為理論所發展出來的行為意念模式。此模型乃針對使用者接受新資訊系統的行為所設計，用以了解外部因子對使用者內部的信念、態度與意圖的影響，進而影響科技使用的情形。張奕華教授（2013）針對創新擴新與科技接受模式的關係提出了一個整合模式（如圖 4-3），此整合模式旨在說明智慧教室的創新擴散（相容性、複雜性、相對優勢、可觀察性、試用性），分別可以通過知覺有用性與知覺易用性的仲介作用，間接對教師使用智慧教室的行為意向產生影響，最終影響其實際的使用情形。校長可以先激發老師對智慧教室的興趣，再給予資訊和參觀學習楷模，當老師們認為智慧教室是有用的（提升知覺有用性）、是方便使用的（提升知覺易用性），便會增加行為意象，產生實際使用的情形。

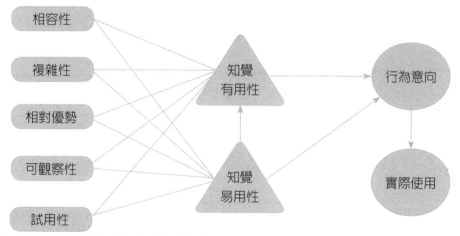

圖 4-3　創新擴新與科技接受整合模式

參、科技融入教學之理論模式

　　教學是多元且複雜的活動，期間可能涉及到各環節，亦可能重複或相互影響。Mishra 與 Koehler 提出 TPACK 的三大基礎知識，分別為「內容知識」（CK）、「教學知識」（PK）以及「科技知識」（TK）（如圖 4-4），內容知識是與科目內容相關的事實、概念、理論等知識；教學

知識為教學策略、學習方式、班級經營及評量等知識；科技知識包括使用多種科技軟體，並願意持續學習與採用新科技的認知。知識的兩兩交集，會形成 PCK、「科技內容知識」（TCK）、以及「科技教學知識」（TPK）的三種知識形態。知識的三者交集，則是核心部分的 TPACK。具備 TPACK 的教師，能夠掌握學生不易理解的概念或內容，並了解科技有何特質能簡化或轉化內容，再以建構的方式使用科技進行教學。

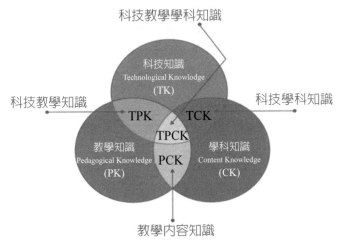

圖 4-4　Mishra 與 Koehler 之 TPACK 模式科技接受模式
資料來源：Wikipedia (2019).

肆、資料導向決策（Data-Driven Decision Making, DDDM）

　　資料導向決策（Data-Driven Decision Making, DDDM）憑藉蒐集、整理、分析資料的過程，轉化為做決定所需運用的知識，從資料中了解整體情形、並從決定後的回饋修正決定的應用，以達成繼續改善的決定模式。過去做決策大多仰賴經驗和直覺，其中便可能藏了許多因資訊不足所產生的偏見（Irfan Kamal, 2012）。麥肯錫公司曾調查過 2207 位主管，只有 28% 認為整體決策良好，60% 認為壞決策和好決策次數差不多，剩下 12% 認為好決策是罕見的。現在在大數據時代下的決策思維，蒐集越來越豐富多元的資料，利用資料發現更多洞察（Insights）便能做出更正確的決策和行動。

第三節　智慧教育之教師專業發展模式

　　智慧教育之教師專業發展模式爲 LEAD 模式，L 是指智慧社群
（Learning community）、E 是指智慧教室（Equipment support）、A 是
指智慧教學（smarter teaching）、D 是指智慧決策（Decision-making）
（如圖 4-5）。

圖 4-5　智慧教育之教師專業發展 LEAD 模式

壹、智慧社群（Learning community for teachers）

　　智慧教育係由社群夥伴所推動，發展歷程包含成長階段、運作方式、
多元社群、教育訓練及專業成長，分述如下：

一、發展歷程

　　教師專業發展模式發展歷程涵蓋萌芽、成長、收穫與分享四個階段
（如圖 4-6）。在萌芽階段，藉由智慧教室專案導入，校長扮演領頭羊；
在成長階段由教務主任擔任發起人；在收穫階段，獲選爲新北市最高等級
社群貢獻平臺，並移轉社群召集人；在分享階段，北新再度獲選推薦爲新

智慧教案專案
●102 學年度成立
●帶領人：曾秀珠校長
●活動內容：產學合作、教育部行動學習、智慧課堂交流

新北市貢獻平臺
●105 學年度選推薦
●帶領人：郭永明校長
●活動內容：產學合作、教育部行動學習、遠距教室、智慧課堂交流、賽課

萌芽　成長　收獲　分享

新北市專業社群
●104 學年度申請獲准
●帶領人：陳國生主任
●活動內容：產學合作、新北市行動學習、智慧課堂交流、賽課

新北市貢獻平臺
●105 年 5 月再度獲選推薦

圖 4-6　智慧社群的發展歷程

北市貢獻平臺。

二、運作方式

　　運作方式分為三部分（如圖 4-7）由社群夥伴自由選擇。第一部分為教師得參與社群並辦理校內公開課；第二部分則增加設備，並辦理區級公開課；第三部分教師須隨時接受公開課。歷經多年來的努力，目前以「SMARTER 智慧教育」教師專業社群方式為智慧教學的主力。

　　每學年開始，各成員以自主、自願的方式，依自我成長計畫選擇本年度可勝任之階段，在各領域場所發揮所長。以 105 學年度為例，校長為本社群之領頭羊，專案教師為主體，社群負責人則為掌舵之人。各處室主任及組長，則提供充分的後勤補給。

三、教師成長

　　本社群活動以學年為單位，在每年暑假便開始進行熱身準備活動，並於開學後依行事簡曆（如表 4-1）進行各項活動。每個月的第二個禮拜三下午為社群的固定聚會時間，各成員依專長輪流擔任講師，分享智慧教學經驗，並進行課程共備活動（如圖 4-8）。另外，也會邀請相關領域的教

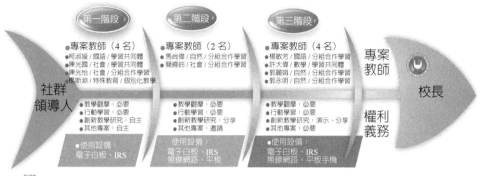

附註：
1. 參加人員可自由選擇參與階段。
2. 各階段所需設備，依當年度學校
現有設備及經費做彈性調整、建置

圖 4-7　智慧社群的運作方式

授或外校老師給予增能。而每學期固定一次的外埠參訪，除了聯絡情感，
凝聚向心力外，更是重要的充電及自我成長課程。

表 4-1　智慧社群的形式簡歷

項次	執行項目　　工作時程	105 年度					106 年度					
		8月	9月	10月	11月	12月	1月	2月	3月	4月	5月	6月	7月
1	智慧教學增能研習	◎	◎										
2	蒐集相關文獻資料		◎	◎	◎	◎							
3	組織智慧教學推動小組	◎	◎										
4	草擬本年度智慧教學計畫	◎	◎										
5	辦理教學觀摩會			◎	◎	◎	◎			◎	◎	◎	◎	
6	召開全體教學研究會			◎	◎	◎	◎			◎	◎	◎	◎	
7	辦理貢獻平臺教學研究會			◎	◎	◎	◎			◎	◎	◎	◎	
8	辦理個別教學研討會			◎	◎	◎	◎			◎	◎	◎	◎	
9	彙整本年度成果報告											◎	◎
10	發表本年度成果												◎

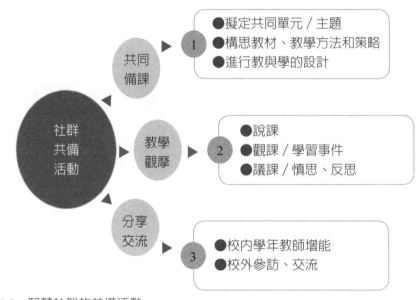

圖 4-8　智慧社群的共備活動

四、教育訓練

　　再好的設備,都需教師來使用,使設備成為輔助教學的利器。熟稔的使用設備,才不至於在教學現場中為設備所誤。故每學期針對設備做教育訓練(如圖 4-9)。電子白板之人員訓練方式:一、邀請校外專家、學者指導;二、校內嫻熟系統教師做教學演示;三、校內熟悉設備之教師擔任講師,以教師研習方式、學年為單位進行。全校教師對於電子白板之使用,除了最基本的互動學習教學外,並能利用 IES 系統針對學生做學習上的分析,以加強學習上的弱點。藉由專案教師(點)、社群團隊(線)進而到各學年(面),將電子白板使用與推廣擴散到全校(如圖 4-10)。

五、多元社群

　　基於學習共同體之教師專業發展模式(圖 4-11)架構下,透過 TPCK 的運作機制,主要的核心社群包含閱讀理解(圖 4-12)、智慧教室(圖 4-13)、學習共同體(圖 4-14)三個核心專案社群。

圖 4-9　智慧教室的教育訓練

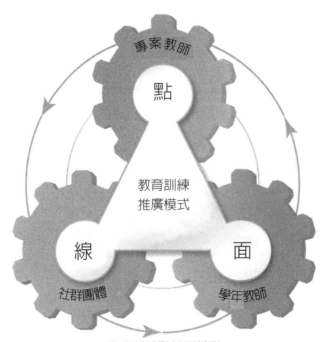

圖 4-10　智慧教室的點線面擴散圖

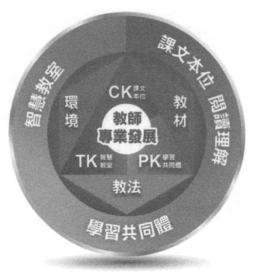

圖 4-11　學習共同體之教師專業發展模式

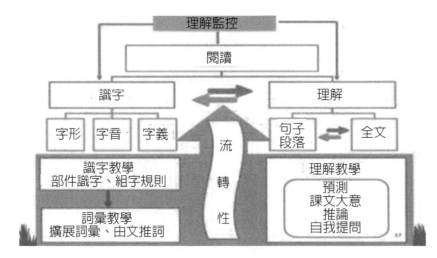

圖 4-12　閱讀理解專案社群

貳、智慧教室（Equipment of smarter classroom）

　　智慧教室中的設備是教學的利器，設備的穩定與優化，影響整個教學過程的完整性。該校擁有全國公立中小學罕有的班班有互動式電子白板（126間教室）、無線投影設備、短焦投影機、IRS 系統、雲端線上診斷

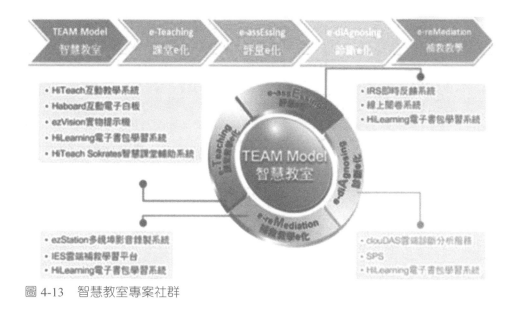

圖 4-13　智慧教室專案社群

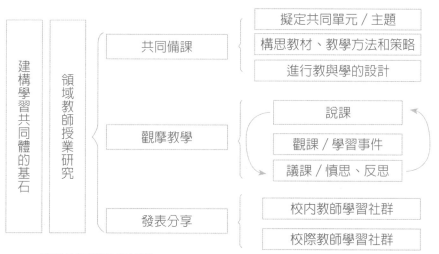

圖 4-14　學習共同體專案社群

系統、閱卷系統等，其硬體設備建置期程和智慧教育發展歷程大事記（圖4-15），及科技支持系統架構（圖4-16）分述如下。

2012	01月建置一間TEAM_Model 智慧教室。09月建置12間智慧教室，培育學校種子教師並成立教師社群。11月TEAMModel 智慧教室揭牌。12月辦理新北市校長智慧教育與科技領導研討。
2013	01月與北京培新小學在北京舉辦「智慧課堂，兩岸同行」公開教學演示。02月獲選新北市雲世代行動學習學校。04月增建智慧教室35間(總數已達50間)。06月辦理新北市智慧教育工作坊，公開課堂6個班級，建構專業社群，深化教師專業。
2014	獲選為教育部行動學習學校。10月校長至浙江寧波參加兩岸發展智慧學校論壇發表。
2015	5、10月辦理新北市行動學習參訪，11月辦理成果發表。11/20 兩岸智慧學校教學演示。楊敏芳老師榮獲教育部行動學習傑出教師。
2016	持續發展行動學習：QRCode+AR擴增實境+TBL專題式探究學習+GBL遊戲式學習。
2017	非凡新聞採訪本校行動學習智慧教室。天下親子採訪許大偉老師。各縣市菁校參訪，本年度已建置126間教室，已達100%建置率。

圖 4-15　北新智慧教育發展歷程大事記

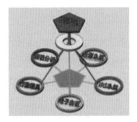

科技支持系統架構
智慧教育之科技支持系統架構

第一階段 E 化智慧教室

第二階段群組智慧教室

第三階段電子書包智慧教室

圖 4-16　智慧教育之科技支持系統架構

參、智慧教學（smarter teAching for students）

一、智慧教學模式提煉之實踐

　　智慧課堂提煉教學模式以國語、英語、數學、自然、社會五個領域科目，分別建置出五種教學模式（如圖4-17）。限於篇幅以下僅以國語──統合認知教學模式及數學──五學模式兩個領域分述如下。

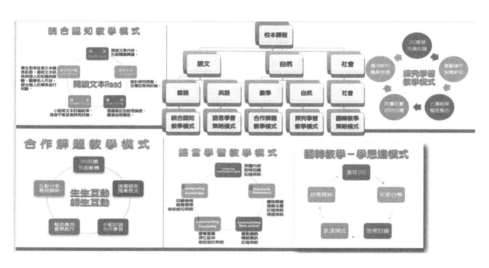

圖 4-17　智慧教學模式提煉之實踐

（一）智慧課堂──國語統合認知教學模式

　　在教學理念上，主要採取統合認知學習策略，以交互教學法為主，在課程上，主要透過預測、探究文本、釐清、摘要、省思與評鑑活動（如圖4-18），讓學生在面對問題時，能學習掌握線索，找出問題所在。

（二）智慧課堂──五學模式

　　北新智慧課堂綜合五學模式的理念，操作實務與關鍵提問三面向，期許課堂能達成即時、公平、分享、合作的四大效益（如圖4-19）。

預測 → 探究文本 → 釐清 → 摘要 → 省思評鑑

【預測 Predicting】： 根據文章所提供的內容，預測下一段可能出現的訊息或有哪些訊息？	**【探究文本 Inquiry】：** 運用提問→思考→建構的探究循環過程，引發學生主動探索，建構知識。	**【釐清 Clarifying】：** 利用 IRS 統計功能，引導學生透過彼此的說理論證，互為鷹架，深化思考。

【摘要 Summarizing】： 小組針對文本討論重點及大意。	**【省思與評鑑 Evaluation】：** 觀摩他人作品，提出個人的標準進行判斷。	**效益分析：** 統合認知教學模式將 Hitech 設備與教學步驟結合，將閱讀理解的教學步驟，透過閱讀、討論及學生的自我釐清一一呈現，讓學生成為教學主體，同時可類化為學生自主閱讀的策略與步驟。

圖 4-18　國語統合認知教學模式

二、智慧課堂——教學決策、差異化任務決策

「以學定教」。展現以學生為中心，發展兩套智慧決策方案：「教學決策」與「差異化決策」。1.教學決策：教學決策是以學生答對率作為依據，判斷及時的教學策略與進度（如圖 4-20）。2.差異化任務決策：依據學生能力給定相同題目、不同提示之課件（如圖 4-21）。

三、智慧課堂——課堂教學分析系統

「蘇格拉底（Sokrates）分析系統」基於教學行為數據分析之 AI 人工智慧，即時提供自動生成的課堂教學行為數據，自動生成教師課堂行為數據分析診斷報告，就能協助專家學者與聽課教師，進行更科學化的、有效的進行議課、教研活動（圖 4-22）依據學生能力給定相同題目、不同提示之課件（如圖 4-23）。

翻牌掌握孩子
的先備經驗

教師一問一答
釐清孩子觀念

學生呈現多元的解題

學生分組合作挑戰

圖 4-19　智慧課堂──五學模式四大效益

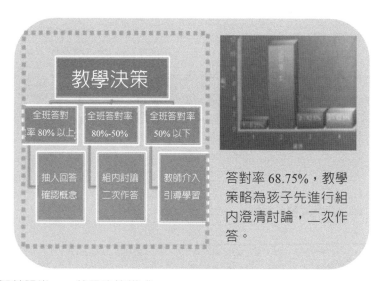

圖 4-20　智慧課堂──教學決策模式

差異化決策
小組答對率 50% 以上
小組答對率 50%-1%
小組全錯
A 課件：抽象思考
B 課件：圖示
C 課件：圖示及明確指導語
一、二組答對率 50% 以上，派 A 課件。三、四組答對率是 50%，因此派送 B 課件。

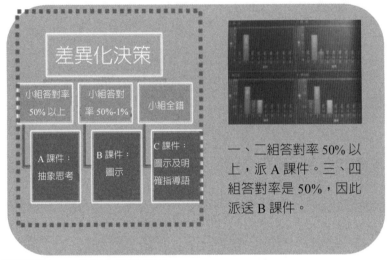

圖 4-21　智慧課堂——差異化決策模式

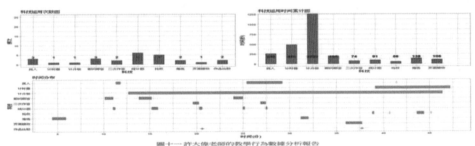

圖 4-22　教師教學行為活動統計圖表

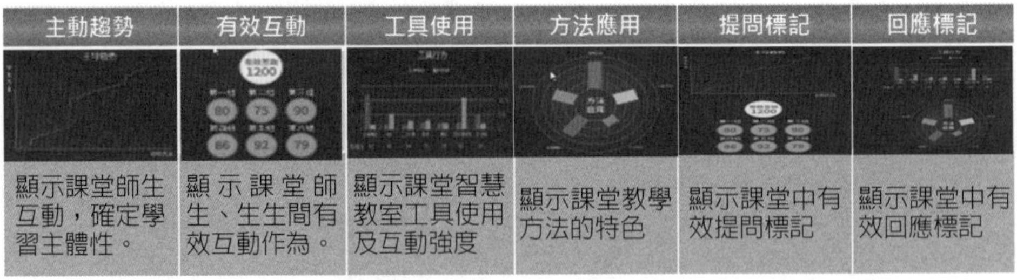

主動趨勢
有效互動
工具使用
方法應用
提問標記
回應標記
顯示課堂師生互動，確定學習主體性。
顯示課堂師生、生生間有效互動作為。
顯示課堂智慧教室工具使用及互動強度
顯示課堂教學方法的特色
顯示課堂中有效提問標記
顯示課堂中有效回應標記

圖 4-23　課堂教學互動行為數據分析

肆、智慧決策（Decision-making for data analysis）

一、大數據分析

　　該校創全國之先，國語領域閱讀理解測驗從出題、專家學者審題、E化評量，以至於 E 化診斷（圖 4-24），達成精進命題品質（圖 4-25）並有效進行補救教學（圖 4-26）。

1. E 化診斷與評量

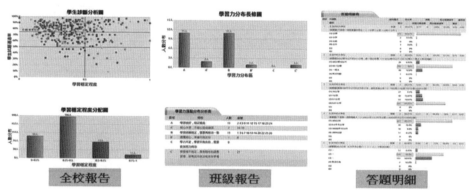

　　　　　　全校報告　　　　　　　　班級報告　　　　　　　答題明細

圖 4-24　E 化診斷與評量

2. 精進命題品質

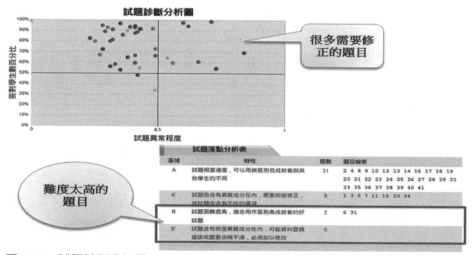

圖 4-25　試題診斷分析圖

3. 有效的補救教學

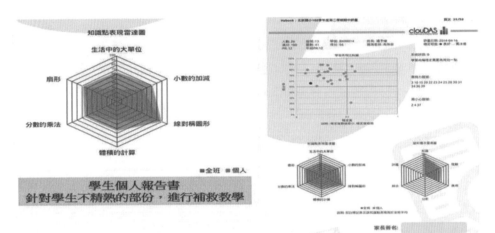

圖 4-26　學生個人學習診斷報告書

二、智慧教育 LEAD 模式驗證系統

　　「智慧教育之教師專業發展三層式鷹架」中提到 RICS 模型是教師發展專業的基本功，在教師發展專業歷程中，要不斷進行反思、探究、合作和分享等循環，依據 RICS 理論，北新創新的模式由三個面向來檢核（圖4-27）。

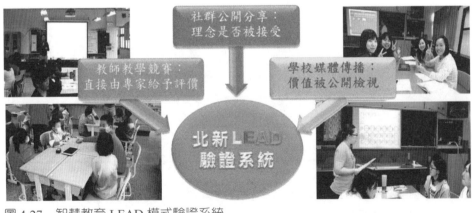

圖 4-27　智慧教育 LEAD 模式驗證系統

第四節 智慧教育之創新成效

壹、個人獲獎

2013 年校長科技領導卓越獎、2013 年創新獎班級智慧教室組二等獎、2014 年教育部行動學習學校暨績優教師、2015 年創新獎電子書包組一等獎（見圖 4-28）。

曾秀珠長
校長科技領導卓越獎【2013】

郭麗娟老師
創新獎班級智慧教室組二等獎【2013】

楊敏芳老師
教育部行動學習學校暨績優教師【2014】

許大偉老師
創新獎電子書包組一等獎【2015】

圖 4-28　智慧教育創新成效之個人獎項

貳、學校榮耀

2015-2017 年教育部行動學校、2016-2017 年新北市貢獻平臺社群、2016 年教育部教師專業發展評鑑優良社群、全國創新經營暨教學創新兩項特優獎，獲得媒體大幅度報導（見圖 4-29、圖 4-30）。

TVBS 報導   非凡電視報導

圖 4-29　電子媒體報導

親子天下報導

圖 4-30　平面媒體報導

參、蒞校參訪：（以105學年度為例）

1. 學校參訪：臺北市新民小學、新北市育才小學、瑞芳國小、重慶國中等。
2. 團隊來訪：新北市主任儲訓班、新北市校長儲訓班、國教院在職校長班等。
3. 縣市參訪：宜蘭縣、桃園市、新竹、彰化縣、臺南市輔導團、教師專業發展中心等。

肆、校外分享

　　校外分享的活動主題包括兩岸教育競爭力論壇、全球科技領導與教學

科技高峰論壇、智慧教室聯盟精進教學工作坊、智慧教師教學工作坊、國小行政專業支持團隊工作坊、TBL公開示範及議課（見表4-2）。

表4-2　校外分享活動主題及地點

時間	活動名稱	對象	人次	地點
2015.11	第四屆兩岸教育競爭力論壇	大陸全國中小學教師	約500人	濟南文化東路小學
2015.12	2015全球科技領導與教學科技高峰論壇	兩岸智慧教育學校教師	約90人	新北市北新國小
2016.10	臺中智慧教室聯盟第二次精進教學工作坊	六寶、石岡、順天、黎明	約40人	臺中市六寶國小
2016.10-12	智慧教師教學工作坊（三場次）	永吉國小教師	約20人	臺北市永吉國小
2016.12	智慧教師教學工作坊	文華、桃園國小	約40人	桃園市文華國小
2016.12	105年度高雄市國小行政專業支持團隊大鳳山區工作坊	兩岸智慧教育學校教師	約200人	臺北市福華飯店
2016.12	2016全球科技領導與教學科技高峰論壇	鳳山區中小學校長	約70人	高雄市八卦國小
2017.04	醍摩豆TBL公開示範課及議課	木柵國小	約60人	臺北市木柵國小

第五節　智慧教育之發展歷程策略

　　本文除探討推動智慧教育之教師專業發展模式外，建置智慧社群系統團隊，透過產學合作機制，建置智慧教室，培育智慧教師，創造智慧課堂，以落實智慧教育。以下就本發展歷程策略說明如下：

壹、理念先行，帶頭前進：校長帶頭教學演示

　　智慧教育專案推動初期由校長擔任社群召集人，研擬推動計畫，規劃

行事曆，發展共同理念目標，專業合作、支持與對話，更進行公開檢視，以身作則帶頭前行。

貳、教學環境，建置營造：教學環境改善建置

學校爭取經費建構雲端伺服器、全區無線網路、平板電腦、大型觸控式螢幕、互動式電子白板、即時回饋系統 IRS、實務提示機、短焦投影機等資訊環境設備，以達全校建置率 100%（126 間），為全臺學校建置率最高的學校。

參、智慧教師，系統培訓：教師增能循環系統

教師增能由規劃發展藍圖，組織核心團隊，發展策略聯盟，智慧教室研習，實地教學演練，參訪典範課堂，Power 教師經驗分享，數位知識管理，辦理成果發表等九大執行策略，發展出智慧教室特有的教師增能循環系統。

肆、專家對話，經驗積累：邀請專家蒞校指導

學校邀請專家學者，和社群成員相互對話，釐清疑惑，並確立教學目標與模式。邀請對象為教學現場中，經過評價優質的教師、各學科領域專家或技術專家學者，進行實證經驗的方享，採互動、對話的方式，做專業上的反省。

伍、發展社群，應用交流：專業社群交流教學應用經驗

該校社群成員，每個月至少聚會一至二次，規劃設備操作、教學應用、創新教學模式，進行分享與研討等，社群夥伴交流與應用，全體成員共同成長。並結合教育部、教育局相關同質性專案與同縣市與跨縣市教育夥伴相互交流。

陸、教學觀摩，成果分享：校長、老師公開課堂

教學分享研討

本社群成員，每學年至少必須辦理一次以上對外校辦理公開課堂。三年來，多數資深教師，經常接受外校參訪，甚至到對岸演課，展現自信與專業，深獲各界好評。緣此，本專案教師對外競賽成績斐然，還榮獲教育部行動學習傑出教師等殊榮。

柒、發展創新智慧模式

SMART 智慧課堂，發展學科智慧模式。以「閱讀理解」、「學習共同體」與「智慧教室」，發展「教材」、「教法」與「環境」的智慧教師。包括國語、英語、數學、社會、自然等領域，各自發展其教學模式。

捌、培育學生多元能力

智慧教室社群要培育學生學習不受時空限制，例如：數位閱讀、QR Code、雲端電子書等，實踐 3A 自主學習（Anytime、Anywhere、Anybody），自行解決問題，提升學習成效。

現今課堂教學型態，以倡導由教師教學轉為「以學生學習為中心」，藉由科技與課程教學的整合，讓班班都是「智慧教室」，每節課都是「智慧課堂」，達成實踐與超越學習型態的智慧學校。

第六節　結論與建議

智慧教育（Smarter Education）是藉由數位科技學習輔具的優勢，使教師可以「關注每一個孩子」，並根據學習者的背景與需求提供合適的教育，發展學習者的多元智慧、培養團隊合作素養、提升創造與創新能力。在智慧教育發展藍圖中，培養採用現代教育理念的智慧教師、提煉可複製會擴散的智慧模式、創造以學生為中心的智慧課堂是最為關鍵的環節。

壹、結論

本文提出教師專業發展三層式鷹架理論、創新擴散與科技接受整合模

式、科技融入教學之理論模式與資料導向決策等智慧教育理論基礎，並提出智慧教育之教師專業發展 LEAD 創新模式為實踐系統，輔助教師專業發展，培養智慧教師、提煉智慧模式、創造智慧課堂，進而「成就每一個孩子」。

近期教學行為資料分析是深度結合 AI 人工智慧與教育理論的劃時代技術，能即時採收課堂中的教學行為資料、自動生成教學行為資料分析診斷報告，進而加速推進教師專業成長。科學化的資料分析報告不僅能提供教師個人自我精進的依據，也為教研單位與開闢了一條教學行為研究的全新途徑。

智慧教育之教師專業發展 LEAD 創新模式，包括智慧社群（Learning community for teachers），其內容首先包括發展歷程、運作方式、教師成長、教育訓練與多元社群；其次，智慧教室（Equipment of smarter classroom）透過智慧教育發展歷程大事記，了解建置的歷程，並建立智慧教育之科技支持系統。第三，智慧教學（smarter teAching for students）提煉並實踐智慧教學模式，本文以智慧課堂之國語統合認知教學模式、五學模式、教學決策、差異化任務決策，以及課堂教學分析系統等。第四，智慧決策（Decision-making for data analysis），以大數據分析和智慧教育 LEAD 模式驗證系統，來確立實踐智慧教育創新教學與學生學習的成效。

在智慧教育之發展歷程策略方面則歸納：一、理念先行，帶頭前進；二、教學環境，建置營造；三、智慧教師，系統培訓；四、專家對話，經驗積累；五、發展社群，應用交流；六、教學觀摩，成果分享；七、發展創新智慧模式；八、培育學生多元能力等八個向度，以促進學校創造源源不絕的成長動力，在教師專業發展的路途上永續提升。

貳、建議

經過學校師生的回饋，大多數的師生都認為相較於傳統課堂，智慧課堂更讓人喜愛，建議未來在理念、差異化及普及性，能被更多人看見與接受。

一、理念被複製

　　希望傳達以學生爲本的想法，期望想法被看見後產生漣漪，只要以學生爲本都是成功的被複製。

二、教材再深化

　　希望在教材差異化外，能在教法跟成果也呈現差異，讓教學更符合因材施教的理想。

三、執行全面性

　　期許在未來，能制定出較簡易的執行流程與 SOP，讓教師們能容易理解與複製，更多教師實際運用在教學中，讓更多學生體驗學習的樂趣。

第五章

科技領導i-VISA之大有案例

第一節　緒論

　　以過去傳統學校組織的觀點，行政與教學可說是涇渭分明。從「教室為教師的獨立王國」一詞，就可約略感受到過去的校長，對於教師課堂上的教學是較少涉入的。但隨著教育改革及學生家長對於教育參與的影響及投入，學校是否擁有教育績效，成為社會關注的焦點，而教育績效的觀察指標之一，「學生學習成效」又是重要關鍵。基於此，校長在學校領導上必須思考，如何能讓經營的學校，除了在一般日常事務運作順利之外，對於老師的教學績效還能給予提升。因此，功能型的教育領導理論，如課程領導、教學領導、知識領導及科技領導等，就孕育而生（秦夢群，2011）。

　　在各種功能型教育領導中，科技領導與知識領導為 1990 年代後興起的領導理論（秦夢群，2011）。根據相關研究指出，校長的科技領導與教師教學效能之間是有影響關係。當校長具備科技領導與整合的能力，塑造出科技學習的氛圍，教師教學效能將會提升，進而會影響學生的能力與學習成就的表現（張奕華、吳怡佳，2008）。基於此，校長應如何進行科技領導，促進教師專業成長，提升學生學習成效是一項值得研究探討的議題。

　　基本上，校長不可能人人都擁有科技背景。在校長不是科技背景出身的當下，要如何才能在學校進行科技領導？實際上，透過校長科技領導的內涵分析，校長就能掌握科技領導的重要關鍵。本報告即以國立政治大學教育政策研究所張奕華所長對於學校建置智慧教室系統校長科技領導的五大面向：i（interpersonal communication skills）、V（Vision management and planning）、I（Infrastructure and technology support）、S（Staff development and training）、A（Assessment,evaluation and research）（張

奕華，2007），再以大有國中陳家祥校長近 2 年來推動智慧教育，獲得媒體大幅報導的肯定（甘嘉雯，2016a；甘嘉雯，2016b；陳昀，2016；甘嘉雯，2017；陳昀，2017；甘嘉雯，2018），剖析大有國中陳校長是如何透過 i-VISA（愛爲上）科技領導推動學校的智慧教育。

第二節　學校現況背景分析

壹、大有國中成立背景

　　學校創校於 2003 年 8 月 1 日，是一所年輕充滿活力的學校。學校設立之初爲因應桃園市大有路附近社區的快速發展，亦以紓解鄰近青溪國中學生爆滿之壓力，在前朱縣長立倫及縣府長官的指導，與各級民意代表的支持、關懷下，於 2002 年 8 月 1 日開始籌設，2003 年 8 月 1 日第一期工程完成後開始招生，2004 年 8 月，全部工程完工。創下「籌設一年招生、二年落成」的紀錄。

貳、學校基本資料

　　學校現有普通班 39 班，數理資優班 1 班，資源班 1 班，學生數 1,075人，教職員工 123 人。

參、學校資訊設備

　　學校現有 TEAM MODEL 智慧教室 53 間，全校 WIFI 覆蓋，VR 設備 35 組三星全罩式 VR 設備、HTC VIVE VR 設備一組及 Z-SPACE 一組；目前與韓國三星及世新大學合作共同開發 VR 教學類課程。

第三節　理念說明──爲何要推動智慧教學

壹、教師是否專業

　　我們應該不會懷疑或否認醫生擁有的專業。爲何一般人不會對於醫生的專業性產生質疑？原因在於，醫生其得以執業，必須經過以下的養成步

驟：最少七年大學醫學知識的學習，畢業後前往教學醫院實習，考取醫師執照後，憑藉其習得的醫學知識，輔以豐富的臨床經驗，再透過對於病患詳細的問診，以及各項理學檢查，給予病患初步的病因診斷，然後，再加上各種醫學精密儀器的檢測，產出各項數據，依此數據，給予病患正確的確診，最後，依據確診狀況給予對症下藥，解決病患的問題。基於此，我們不會對於醫生在專業上是否不足產生質疑。此外，醫生在醫學專業上必須不斷學習成長，因此，他們非常重視在職進修，必須參加各項醫學研討會，藉以掌握最新醫學知識；並透過定期的換證制度，來確保其專業。

回過頭來看，老師是不是也和醫生一樣是擁有專業的？老師透過大學四年的專業教育知識學習，畢業後前往學校進行半年以上的學校實習，取得教師資格後，再經由激烈的教師甄選廝殺，脫穎而出前往學校任教，在教學的過程中，經由實際教學及班級經營累積我們的臨床經驗，發現學生在課業學習上出現問題或是行為偏差時，給予適時的協助（如同醫師的問診），並輔以觀察孩子的言行，予以判斷（如同醫師的理學檢查）。但是，老師是否能善用各項評量數據的產出，給予孩子更精準的診斷？我們上課的過程中，是否能善用學生即時的回饋數據，掌握學生學習的問題，而給予立即的補救？如果老師可以像醫生一樣，經由儀器提供精準的數據，並予以掌握，給予學習問題即時的補救，相信社會大眾將更能認同老師的專業。另外，如果可以再透過教師專業成長機制的搭配，讓老師不斷在職進修，輔以教師評鑑、教師分級、教師輪調或是教師換證的制度建立，相信這張教師證，將獲得更多社會大眾對於老師在專業上的尊重與肯定（董保城、秦夢群，2011）。

貳、完整的學習流程不可忽略

完整有效的學習，應該包含以下五個步驟：1.預習→2.教學→3.評量→4.診斷→5.補救。但是在我們孩子的學習過程中，教師有確實依此五步曲落實教學嗎？在一般的學習過程中，老師多只重視教學及評量兩大步驟，僅在此兩大步驟設法改善精進。殊不知，落實學生預習是在幫老師

做教學省力的工作；殊不知，落實學生評量之後的診斷及補救，才能真正解決學生學習上的盲點。

參、翻轉教學，教學翻轉

1969 年美國教育學家戴爾（Edgar dale）提出「學習金字塔理論」，他認為學習分為被動的學習（間接）及主動的學習（直接），純就學生學習新知識兩周後所能記得的成效來看，我們可以知道，以學生單純閱讀，其學習記憶僅剩 10%；以學生單純聽講，其學習記憶為 20%；以學生看靜態圖片來看，其學習記憶為 30%；以學生觀看動態影片，其學習記憶為 50%；以學生經過小組相互討論後，其學習記憶為 70%；若學生透過教會別人，其學習記憶將達 90%。基於上述學習金字塔理論，我們在教學上，必須改變過去傳統上以教師講述法為主的教學模式，老師講課的比重應該減少，讓學生有更多自己主動學習，同儕互相學習討論的機會，讓學生成為學習舞臺上的主角，老師側身後退，成為輔導學生的配角。如此才能真正達到所謂「先學後教，以學定教」。

基於上述理由，推動智慧教室的學習型態成為學校不可逆的趨勢。因為好的智慧教室系統，可以讓老師在課堂的教學過程中透過 IRS（Interactive Response System，即時反饋系統）即時採集學生學習數據，具此調整教師教學方法；好的智慧教室系統，可以讓學習五步驟中的預習、診斷及補救三步驟獲得落實。我們如何讓學生確實預習？了解學生是否預習？課前 3 分鐘的 IRS 預習檢測，就能達成；如何讓學生在學習過程中的學習成效獲得診斷及後續補救？上課後教師將電子筆記上傳 IES 雲端系統，我們就可以讓孩子有機會透過非同步的學習時間，運用家中或學校的電腦進行補救學習；此外，好的智慧教室系統，可以透過平板電腦將電子白板上需要討論的問題，遞送給各小組討論，而各小組討論的成果也能即時遞交給老師，遞送及遞交的過程在一堂課可以多次來回，達到真正以學生為學習主體的教學模式建立。

第四節　大有國中如何落實i-VISA

i-VISA「愛為上」為國立政治大學教育政策研究所張奕華所長對於學校建置智慧教室系統校長科技領導的五大面向。i-VISA「愛為上」分別為i（interpersonal communication skills）：V（Vision management and planning）：I（Infrastructure and technology support）：S（Staff development and training）：A（Assessment,evaluation and research）。分述如下：

壹、i（interpersonal communication skills）

一、「智慧學校，數位學堂」計畫通過之前的溝通

校長推動科技領導，建置智慧教室必須善用溝通技巧對校內、外的團體進行充分溝通才能順利推動，但在正式推動計畫，計畫前的溝通方式，校長必須透過學校教學現況的觀察，評估推動計畫的可行性，再進一步掌握學校外部相關條件。以下即針對教育局計畫核准之前，校內、外溝通前的試探，予以說明：

㈠ 學校內部的觀察試探

1. 教師晨會的試水溫：大有國中創校校長洪正雄先生，過去曾在國小擔任校長，因此，大有國中創校時，洪校長就將國小教師晨會的制度帶到大有國中，但有所不同的是，國小的教師晨會是每天召開，大有國中則為每月的第三周周三早自修時間召開教師晨會活動，透過每月的教師晨會，大有國中教職員工每月都可以針對學校校務進行溝通與互動。在推動智慧教室系統建置之前，陳校長得知「臺灣科技領導與教學科技發展協會」提供「千師萬才現代教育理念智慧教師養成」公益計畫（簡稱：千師萬才公益計畫），該計畫主要透過智慧教室系統的提供，讓沒有智慧教室硬體設備（電子白板、IRS 等）的學校，也能利用智慧教室的軟件提供，在課堂上透過智慧教室系統進行教學的翻轉。但是學校老師如果要參加此計畫，必須提供個人 e-mail，才能讓該協會寄發「千師萬才公益計畫」的使用帳號及密碼。因為陳校長希

望能讓全校教師都能參加此計畫，試著使用智慧教室系統進行教學，因此就利用 2015 年 3 月的教師晨會時間，邀請協會成員到大有國中說明「千師萬才公益計畫」，並且透過智慧教室的同步體驗，讓大有國中的老師驚艷智慧教室對於教學效能的提升。陳校長向老師說明，如果要讓每一位老師擁有「千師萬才公益計畫」所提供的軟體，必須要取得各位老師的 e-mail，才能讓協會寄發帳號、密碼，讓老師安裝在自己的電腦上使用。陳校長此舉，除了透過「千師萬才公益計畫」的說明，跟老師溝通未來推動的想法外，也希望藉由老師是否同意提供個人的 e-mail 來掌握校內教師對於智慧教室系統接受的贊成與否，此為大有國中智慧教室系統建置計畫前內部溝通的第一步。

2. 校長巡堂的觀察：透過巡堂掌握班級學生學習情況是陳校長每日必須要做的工作，在撰寫「智慧學校，數位學堂」計畫前，陳校長透過每日例行性的巡堂工作，掌握全校 39 個班級使用數位科技設備進行授課的情況。扣除每堂課 8 個班級到戶外上體育課及專科教室上課，其餘 31 個班級中，約有 20 個以上的班級教師在授課時，都會使用數位科技設備進行教學活動，因為觀察到此一現況，陳校長大膽推測，大有國中可以進一步推動「智慧學校，數位學堂」計畫。

(二)學校外部的溝通協助

1. 桃園市政府教育局的計畫支持：「智慧學校，數位學堂」要能順利推動，沒有計畫的通過，沒有經費的挹注，是無法實現的。由於，陳校長在擔任校長前，曾於教育局服務，因此，熟悉教育局各科室運作的模式，掌握最新消息，撰寫計畫，才能順利取得經費，進行建置智慧學校數位學堂。

2. 臺灣科技領導與教學科技發展協會支持：該協會「千師萬才公益計畫」、IES 雲端平臺、蘇格拉底教學診斷系統等最新數位科技教學系統，陳校長必須清楚知道，並與協會保持聯繫，掌握最新訊息，透過溝通爭取資源，推動學校「智慧學校，數位學堂」計畫。

二、「智慧學校，數位學堂」計畫通過後的溝通

智慧學校，數位學堂計畫通過之後，正式的和校內夥伴溝通，必須透過校長全方位、有計畫的執行才能獲取成效，以下就針對大有國中初期推動「智慧學校，數位學堂」計畫，校長與校內成員溝通的方式，予以說明：

㈠校長鼓勵教師夥伴改變

校長莫輕忽自己對老師任何一張肯定的字條或是一句肯定的言語。大有國中在推動「智慧學校，數位學堂」計畫初期，陳校長增加上課巡堂工作，當看到有老師使用智慧教室系統上課，就記錄下來，回到辦公室寫一張績優狀（桃園市政府教育局給校長空白績優狀，當校長看到老師認真教學時給予即時鼓勵）給予肯定老師，績優狀不能只有寫上老師的姓名，必須寫上老師上課的情況，並說明校長看到老師上課時的感動，當老師拿到校長所發的績優狀，看到校長所寫的一段話，對於教師的肯定、鼓勵是無法用金錢取代的。此外，校長在走廊偶遇老師，給予老師對於智慧教室系統使用的肯定鼓勵，對於老師持續使用智慧教室上課，也是有非常大的助益。

㈡資訊越透明，害怕阻力越小

對於新的教學科技在教學上的使用，一般教師初期感到害怕、疑慮及充滿壓力是非常正常的。害怕來自於擔心數位科技教學系統上的使用，會因教師自己的不熟悉，而影響一堂課的教學流暢度？疑慮來自於教師如此大幅度的教學模式改變，教學進度能確實掌握嗎？數位科技教學真的可以提升教學成效嗎？學生會不會只關注在平板電腦的使用，而忽略學習，影響學習成績的表現？壓力來自於國中階段，學生仍有國中教育會考的成績壓力，運用數位科技上課，會不會因為教師講述時間減少，而學生學習成效不彰，家長跟老師抗議？種種的問題，亟待學校領導者解決。未知造成恐懼，是恆古不變的定律。如果領導者可以透過相關數位科技教學文獻上的探討，及自己體驗數位科技教學設備帶來教學上的便利，將能大大減

少教師對於數位科技使用上的恐懼及疑慮。基於此，陳校長透過國內外博碩士論文網站以「智慧教室」、「科技領導」、「科技教學」及「ICT」（information and communication technology）等關鍵字，搜尋相關科技教學研究論文；另外，透過一般網站搜尋引擎，找到學校教學現場教師對於數位科技使用後教學成效提升的分享報告，給予彙整相關報告，解決老師使用科技教學的疑慮。此外，科技設備進步的速度快速，過去 IRS（Interactive Response System，即時反饋系統），在使用上非常不方便，老師在上課前一定要先製作簡報，並在教學現場裝收接收器，現在科技快速進步，IRS 的使用非常便利，只要在電腦 USB 插上 IRS 接收器，即可以順利使用，即時收集學生回饋數據。如果領導者可以親身示範，將使老師的接受度大大提升；此外，相關系統操作 SOP 的書面資料提供也是必須的，這些操作智慧教室系統的 SOP 手冊，寫得愈詳細及淺顯易懂，再搭配圖示說明，老師對於使用科技設備進行教學的害怕、疑慮，將會大大減少。

(三)團隊學習增能為溝通利器

我們常說：「一個人走得快，但是，一群人才能走的遠」，透過 PLC（professional learning community，專業學習社群）一起努力，就是校長與老師最好的溝通模式，因為透過 PLC 的運作，對於智慧教室使用的推動將可長可久。為鼓勵老師學會各項智慧教室系統功能的使用，大有國中領導團隊共同腦力激盪訂定了「大有國中智慧好課堂增能研習活動」（簡稱：登山計畫，如表1）。此計畫非由陳校長提出擬定，而是一群希望能推動大有國中智慧教室使用的熱血老師，大家一起腦力激盪擬定出來的研習精進計畫。這群熱血領導老師，將智慧教室系統的功能使用，依難易程度區分為 5 座山，分別為虎頭山、陽明山、合歡山、雪山及玉山等五座山。

1. 每座山都有老師必須要完成的任務：以第一級虎頭山（白色）為例，老師必須要學會最基本的電腦開機、投影機開機、開啟 Hi Teach

系統、選取上課班級及選取上課模式（互動模式等等）；以第二級陽明山（黃色）為例，老師必須學會電子白板的放大及縮小功能、選擇教材、授課教材與 Ti Teach TBL 互相切換的功能；以第三級合歡山（藍色）為例，老師必須要學會選筆（顏色、粗細、寫字）的功能、以橡皮擦（局部、全部）擦拭、計時器使用、抽人（一人或是多人）及放大鏡（放大、移動、縮回）；第四級雪山級（綠色）為例，老師必須學會 IRS 即問即答、IRS 即問即答翻牌、IRS 即問即答統計、搶權、再搶一次、加新頁及上下頁的功能；以最高級玉山級（紅色）為例，老師必須學會計分表（分組名單匯入）、手機使用 Hi TA app、學生平板電腦使用、電子白板觸控的校正及找到自己需要的工具列。

2. 輔導夥伴的陪伴：初推智慧教室的使用，輔導夥伴的陪伴協助是非常重要的，在登山計畫中，每一個教學領域皆安排一位輔導夥伴，協助該教學領域在教學研究會時規劃相關研習課程，領域老師可以在不懂系統功能操作的時候，可以隨時詢問該領域的輔導夥伴，得到立即性的解惑。

3. 認證方式及獎勵措施：各領域的輔導夥伴組成本計畫的認證小組，參與計畫的老師，可以自行利用課餘的時間，向認證小組的任一輔導夥伴請求認證，當老師每登完一座山，認證小組成員會發給一張摸彩券（虎頭山級：白色摸彩券、陽明山級：黃色摸彩券、合歡山級：藍色摸彩券、雪山級：綠色摸彩券；玉山級：紅色摸彩券），通過認證的老師在取得摸彩券後，可於每月一次的教師晨會，將摸彩券投入摸彩箱中，越快取得 5 座山摸彩券的老師，被抽中的機率就越高。此外，玉山級摸彩券的取得，須在接受認證老師在學會玉山級所需學會的功能後，主動向認證小組提出認證需求，認證小組所有輔導夥伴就會排定期程，前往提出認證老師上課的班級，進行觀課，認證小組檢核需認證老師使用玉山級功能的情況，當然玉山級的摸彩獎品必須是最高級的，我們會在學期末的校務會議抽出一支 i-phone 7 手機、i-pad 兩臺及參加獎 16G 隨身碟。另外，值得一提的是雪山級的認證，在登山計

畫中，我們訂了一個遊戲規則，就是該領域全體老師皆通過雪山級認證，學校就發給該領域所有教師 1 張學校附近飯店的下午茶券，因為條件為該領域全體老師皆須通過雪山級的認證，方能取得下午茶券，所以就可以達到領域內老師相互鼓勵學習的氛圍，當然最後，學校也順利將各領域的下午茶券（共 100 張）全部發出，由此也可看出本校老師最少都能以雪山級的智慧教室功能進行教學。

4. 莫輕忽校長的鼓勵：校長的獎勵必須即時才能產出最大的效能。每日巡堂時校長即可掌握老師使用智慧教室系統上課的情況，校長豎起大拇指及眼神的肯定最為即時，回到辦公室後，再寫上一張績優狀給老師肯定，老師更是感受到校長的肯定而無比的高興；此外，在校園中偶遇老師時，校長若能針對老師上課時使用智慧教室系統的學習成效給予具體的描述及肯定，更能激勵老師，讓老師繼續勇往直前。所以，校長不要輕忽自己一句肯定讚美的功效。

5. 多方溝通，多元溝通：智慧教室系統推動的溝通可以是正式研習會議的溝通，校長自己以身作則，先查看相關智慧教室系統使用對於學生學習成效的論文研究，再將相關資料給學校行政團隊學習了解，領導團隊成員清楚後，再透過課程發展委員會，讓各領域召集人學習增加自信，最後透過各領域教學研究會的研習機會，讓老師願意使用智慧教室教學系統進行教學活動。

6. 走出桃園，走出臺灣：透過典範的學習，更能加速智慧教室系統使用的可能性。本校「智慧學校，數位學堂」計畫通過之初，邀請臺北市立懷生國中洪宗平老師以智慧教室系統進行一堂數學課的教學，透過參與研習老師的驚呼表情及回饋，我們可以知道老師心中對於數學老師透過智慧教室教學系統，能達到這樣的學習成效是感到非常不可思議的；此外，我們讓老師前往大陸寧波及紹興觀摩 2016 年第一屆兩岸智慧好課堂的老師比賽，讓老師驚呼大陸教師運用數位科技教學的成效，也讓老師深深感覺，我們如果再不努力迎頭趕上，將會越輸越多。

貳、V（Vision management and planning）

　　願景就是目標，缺乏願景的學校就像缺少羅盤的航艦，無法以最有效的航程抵達目的地。但空有願景，而無實際計畫，將如航艦空有羅盤，但缺少航海計畫而無法順利抵達目的地。學校在智慧教室建置推動也是這樣，願景擬定非常重要，達成願景目標的計畫更重要。大有國中智慧教室的推動就從鄭文燦市長的一席談話開啟。

　　2015 年 11 月，大有國中協助桃園市府教育局辦理學校推動營養午餐使用有機蔬菜記者會，記者會後，鄭文燦市長留下來與學生一同享用午餐，在使用午餐的過程中，鄭市長提到了想要推動學校成為智慧校園的想法，陳校長陪同用餐時，就將聽到的訊息放在心中。2016 年 1 月 28 日全市校長會議在開南大學召開，鄭市長在該次校長會議上，正式提出「智慧學校，數位學堂」計畫的構想。鄭市長希望 2016 年能推動 40 所國中、小成為智慧學校，陳校長將鄭市長在校長會議的談話記在個人的行事曆中，並利用寒假的時間透過心智圖（mind map，大陸稱為：思維導圖），以擴散性腦力激盪的思考模式，擬定大有國中推動「智慧學校，數位學堂」的計畫。

一、校長要有願景的論述能力

　　學校善用智慧教室系統進行教學，學生的學習成效將會不一樣，上課的風景將會有非常大的改變。老師透過學習五步驟「預習→教學→評量→診斷→補救」不斷循環的學習過程，落實完整的學習歷程。上課開始前三分鐘，透過 IRS 即時反饋系統掌握學生是否真正落實預習的工作（預習是在幫老師做教學省力的工作，有預習的學生學習成效較佳），然後開始進行 36 分鐘的教學活動，以 IRS 即時反饋系統，掌握每一位學生是否學會老師所教導的概念，如果沒有學會，透過 IRS 即時反饋系統進行二次作答，落實同儕學習，透過學會的孩子教導不會的孩子，學會的孩子透過自己整理過的想法教會別人，自然達到「學習金字塔」中所說 90% 學習

成效的確認；學習較慢的孩子，經由同儕共通語言的指導，頻率相同學習成效更佳。此外，傳統教學現場，如果老師進行分組合作學習，當老師希望小組討論成果給予呈現時，我們常會要求學生將答案寫在小白板上（30公分×20公分），再舉起白板，如此，只有少數人可以看到各組腦力激盪完成的答案，並且無法放大被其他的學生看到，無法達到最佳的學習成效；反觀智慧教室系統在小組討論上的運用，老師可以將需要討論的畫面截圖，透過智慧教室遞送的方式傳送到小組的平板電腦上，老師再設定精準的討論時間，讓學生小組腦力激盪，待各小組完成討論後，各組小組長再將討論後的結果遞交到老師的電子白板上，老師就可以在電子白板上看到所有小組的想法，再透過個別小組上臺分享的方式，讓全班學生都能清楚知道其他各組的想法。而透過老師與各組快速的遞送及遞交的方式，往往一堂課可以多次討論，所以陳校長常會以「弓箭與機關槍」來作為傳統教學與數位科技教學不同的比喻。校長如果能透過論述老師知道智慧教室使用後的成效願景，將更能打動老師使用智慧教室系統上課的動機與意願。

二、從教師的教，轉為聚焦學生的學

翻轉教育強調「生本理論，以生為本」，如何才能做到「生本理論」呢？非常重要的就是，我們必須落實先前提到的學習的五步驟：預習、教學、評量、診斷及補救。其中「預習」是不可偏廢的。學生預習可以讓學習成效提升，可以讓老師作教學省力的工作，因為學生在老師上課之前，已經對於老師即將教學的內容有一個初步的概念。老師上課時，針對學生預習情況給予掌握，確認學生學習情況後再決定教學的內容，並且在教學過程中，掌握學習成效，適時調整教學內容。達到真正「先學後教，以學定教」的理念。

三、智慧教室計畫實施原則

有關大有國中在推動「智慧學校，數位學堂」計畫，有以下五個重要

推動原則，分述如下：

㈠理念釐清原則

　　學校領導者在推動智慧教室系統時，必須思考以下幾個問題。如何才能讓老師知道使用智慧教室系統能提升教學成效？如何讓老師願意使用智慧教室系統進行教學？如何讓老師在使用智慧教室系統後，就回不去傳統教學模式？如何讓使用智慧教室系統的效益外溢，吸引更多的教師願意投入智慧教室系統的使用？上述這些問題的答案，學校領導者必須透過理念釐清的原則加以解決。有關此原則的落實分述如下：

1. 舉辦系列性的智慧教室系統研習活動：學校領導者必須透過智慧教室系統使用的研習活動舉辦，讓老師知道為何要透過智慧教室系統的使用，改變他的教學模式；讓老師透過研習學會如何使用智慧教室系統工具列的各項功能，解決過去傳統教學的問題（如挑人、計時、畫重點等等）。而在研習活動的舉辦方式上可以非常多元。首先，建議可以找已經在實際教學現場以智慧教室系統進行授課的專家學者，讓老師研習增能，知道如何透過智慧教室系統達到其教學效能改變的目的；其次，再透過教學現場已經透過智慧教室系統進行教學的老師，分享使用智慧教室系統功能帶來教學上的成效分享；最後，再請老師來場智慧教室公開授課，翻轉老師對於智慧教室使用的觀點。

2. 親自動手實作使用智慧教室才有效果：經由研習只能讚嘆，惟有透過實作才能印象深刻，徹底改變，願意使用。因此，理念釐清原則第二步驟在於讓老師動手實際操作，透過教師親自操作發現系統功能的有趣及容易使用，透過教師親自操作老師才會印象深刻，學習金字塔不是告訴我們，動手做的學習，記憶留存將達 60%。

3. 教師同儕彼此分享回饋使用成效：自己說出來，信念將更為堅定，就像基督教教友彼此透過見證，對於信仰將更為堅定。基於此點，在相關智慧教室研習舉辦及實作體驗後，要讓參與的老師有說出智慧教室改變教學成效的機會，分享使用智慧教室系統教學的心得見證，其

信仰將更加堅定，透過同儕教師的見證分享，其接受智慧教室系統教學的信念將比專家學者所分享的效果更好。

㈡由易而難原則

「千里之行，始於足下」。只要老師觀念改變了，願意跨出使用的第一步，就是正確的方向。要如何讓老師願意跨出第一步，著實考驗著學校領導者的智慧。

1. 智慧教室系統功能的學習逐步完成：先前提到的登山計畫，讓老師一步一步由易而難，逐步攀登高峰。研習活動舉辦前，領導者必須做好逐步由易而難的順序，切記不可一次就將所有系統的功能教給老師，老師無法消化，就將棄之不用，這是許多學校推動智慧教室系統使用常會犯的毛病。

2. 系統進步的速度是你我無法想像的：舉 IRS 即時反饋系統來說，過去 IRS 的使用非常不便，老師必須先設定好簡報（PPT），然後在上課的教室安裝一個圓形接收器，並且確定教室環境內無線網路是否「存在」，才可使用 IRS 採集學生學習成果。但是現在，老師在上課時，只要由班級的資訊股長在上課前將 IRS 的接收器插在班級電腦的 USB，並由資訊股長設定好系統，老師到教室上課，無須做任何設定，隨時可以口頭提出問題，就可以讓學生立即透過 IRS 採集到學生的想法。破除 IRS 困難使用的迷思，也是學校在推動「智慧學校，數位學堂」計畫時非常重要的工作。

㈢學習社群原則

我們常說：「一個人走的快，但是，一群人才能走的遠」。透過 PLC（professional learning community，專業學習社群）的團隊合作，才能使智慧教室這條路走得順，走的遠。登山計畫是一個以 PLC 運作的概念，雪山級的認證，更將 PLC 發揮到極致。但是我們知道，透過智慧教室授課，老師在教材上必須翻轉，一個人單獨準備所有單元的備課勢必辛苦。因此，如果可以善用共同備課的觀念，大家一起集思廣益，經由共備、

觀、議課，達成教學教案及相關資料的準備，個別老師的負擔自然減少許多。

(四)討論分享原則

分享力量大，尤其透過自己見證後的說明，力量更為強大，學校必須透過各領域教學研究會的機會讓老師慢慢成長，透過點點滴滴的系統功能學習，增強對於智慧教室系統使用的能力及信念；此外，學校領導者主動鼓勵教師走出學校，多多參加外界舉辦之相關智慧教室相關研討會，透過研討會的參加，吸取更多其他學校使用智慧教室的經驗，並且透過校外伙伴的認識，產生更強大的團體力量，共同推動智慧教室教學系統的使用。

(五)成果激勵原則

正向鼓勵才能獲得持續前進的力量。學生如此，老師亦然。各領域每學期皆會舉辦教學觀摩活動，鼓勵老師使用智慧教室系統進行教學觀摩，授課的老師可以精進智慧教室系統的使用，其他老師也可以經由別人的教學觀摩，體驗智慧教室教學系統的優點。此外，舉辦智慧教室使用成果展，也能激發老師使用智慧教室授課的能量；教育局發放的績優狀，也是可以給老師正向鼓勵的效果；當然，校長不要輕忽自己的一個讚美，一句口頭肯定，可能換來老師永久透過智慧教室系統翻轉教學。參加 2017 年兩岸智慧好課堂比賽，老師獲得一等獎的殊榮，更是支持老師持續使用智慧教室系統上課的原動力。

四、四「給」原則

(一)給資源

正所謂「工欲善其事，必先利其器。」智慧教室系統設備的提供，是推動學校成為智慧學校的第一步，沒有系統，一切都是空談。但是領導者在增添設備之前，必須先進行風險評估，必須思考學校在採購智慧教室系統後，同仁使用的普及率會如何？張奕華教授指出，全校在智慧教室系統使用的比例如果超過 3 成 5 以上，就可稱該校為智慧學校。因此，領導

者必須觀察、評估可行性，再推動智慧教室的第一步，設備的採購。

(二)給舞臺

　　運動選手需要競賽的舞臺，才能展現平日訓練成果。同樣的，老師在使用智慧教室系統上課之後，領導者也需要提供舞臺，讓老師有機會，將平日運用智慧教室系統的教學成效展現出來。校內安排各領域的教學觀摩或是發表會，向其他同仁發表是一個舞臺，透過學習後的分享，堅定信念，感染他人；將老師推出校外參加比賽或參與研習的示範教學，是校長提供一個更大、更高的舞臺，舉例來說，本校讓楊雅婷老師參加 2017 年智慧好課堂的比賽，透過校外比賽，讓老師的視野更寬更廣，持續智慧教學的動機將更加乘；2018 年 10 月讓康哲豪老師、簡秋錦老師及莊煒明老師參加 2018 年桃園市創新科技互動智慧教室教學競賽，同年 11 月帶領康師及簡師前往四川成都西川中學進行兩校教師相互教學觀摩，都是提供一個讓老師發光發熱的舞臺。

(三)給掌聲

　　學生需要正向鼓勵，才能持續進步。同樣的，老師也需要給予掌聲，讓其不斷向前。當老師運用智慧教室系統進行教學，即時給予肯定的掌聲，可以引發老師持續向前的動力；當老師運用智慧教室系統教學在學生學習上有數據進步的成效時，給予老師更多的肯定掌聲，也能引起其他夥伴的參與。

(四)給安慰

　　在推動智慧教室教學過程中，難免會遇到困難、挫敗的時候，參加比賽，結果可能無法盡如人意，但挫敗已為事實，給予安慰，才能讓其再起。切勿數落檢討老師的不是，只有這樣才能換得人心，讓老師願意再起。

五、變革管理八大步驟

回顧大有國中推動智慧教室系統建置使用的歷程，以變革管理八大步驟來看，著實符合，分述如下：

㈠確認危機感

組織想要推動變革，必須師出有名。就學校變革來說，「少子化」是近年來中、小學階段，校長在學校經營所遭遇的最大議題及危機。學校沒有學生，老師將面臨超額的問題，一旦學校有教師要被超額，校內士氣將受打擊，校內氛圍變得緊張詭異。此時，學校領導者在經營學校上若能發展特色，將會提高學子願意前來學校就讀的意願。推動智慧教室系統翻轉教學，提升學習成效，是學校可以發展的特色之一。因此，大有國中透過教職員工晨會的機會，告訴老師，發展學校具有智慧教學特色，將可吸引國小學生就讀本校。因此，面對少子化的危機，建置智慧教室系統，使用智慧教室進行教學的變革勢在必行。

㈡成立領導團隊

變革管理第二步驟在於領導團隊成立。學校的變革光靠校長一人單打獨鬥是行不通的，惟有打團體戰，大家一起努力，才能事半功倍，產出最大的績效。大有國中行政團隊堅強，當確立以「智慧教室」作為學校特色發展方向之後，行政領導團隊透過校長及資訊組長相關智慧教室建置報告的文獻探討及計畫擬定，了解如何進行智慧教室建置及培訓教師的計畫，而領導團隊也清楚知道智慧教室教學對於學生學習成效的提升是有幫助的。藉由領導團隊的共同努力，讓老師們知道智慧教室這場仗就是團體作戰，而非校長個人單打獨鬥。

㈢提出變革後願景

校長要帶領大家走向哪一個方向是非常重要的。對於智慧教室建置未來可見的願景，校長本人必須非常清楚，也要懂得論述宣導。透過領導團隊的協助，大家一起把願景推出，讓學校所有夥伴清楚知道，學校要帶大

家走向哪一個方向，進而一起努力。

㈣溝通變革願景

　　願景提出後，勢必會遭遇到其他夥伴對於願景的不解或是無法認同，領導者與團隊就必須透過論述，讓學校夥伴知道建置智慧教室後的願景，以善用智慧教室系統之後，將會大幅提升學生學習成效及加速教師教學效能，最能達到溝通的成效。

㈤移除變革阻礙

　　變革過程當中一定會遇到許多的阻礙，教師對於智慧教室系統是否排斥使用？學校設備建置的經費取得？學校現有智慧教室環境是否得以順利建置？學校建置智慧教室要採購哪一家的系統？透過採購法是否能採購到符合學校需求的設備？在建置智慧教室的過程中，在在都需要思考，也一定會遇到許多阻礙，學校領導者必須找出所有可能會遇到的阻礙，經由各項計畫的執行排除變革中的各項阻礙。

㈥創造近程戰功

　　推動變革，領導者必須觀察及找出所有可以肯定成員的機會，給予成員鼓勵肯定，如此才能讓夥伴持續前進。大有國中使用智慧教室系統進行教學，推出選手參加 2017 年第二屆兩岸智慧好課堂的競賽，楊雅婷老師獲得一等獎的肯定；許庭毓老師、呂佳樺老師、游學達老師及許純菁老師等教師團隊透過 AR、VR 的設備，創造「虎躍雲端——eMaker 科技實境秀」的課程，以此介紹虎頭山神社的課程，獲得桃園市 2017 年教學創新銀桃獎，並參加 107 年教育部舉辦的教學卓越獎，最後，2017 年 12 月許庭毓老師及李士玲老師代表本校前往美國，參加有全球教育界奧斯卡之稱的「全球教育創新競賽」與全球 1000 多支頂尖大學、企業及研究機構競賽，獲得 AR、VR 組銅牌獎。眾多科技教學創造的戰功，學校領導者必須給予肯定，讓更多老師感受學校因為建置智慧教室系統而獲得許多殊榮。

(七)勿因初步成果而鬆懈

一項變革能否成功，不因擁有初步成果而鬆懈只是第一步，更進一步的必須是要持續創新，領先別人一步。大有國中在取得智慧教室建置及順利推動後，擁有上述初步的成果及戰功，但陳校長知道，這不是盡頭。除了原有的戰功要持續維持之外，還要再另闢戰場，讓老師有更多獲得肯定及讚賞的機會。善用試題的數據分析，達到評量之後的診斷及補救，讓學生學習成效提升是大有國中目前正在推動的計畫之一；建置大有國中成為擁有人臉辨識校園保全系統、電子圍籬系統、學生智慧手環健康管理及雲端學校教學系統，是 2019 年即將完成的工作，不以初步成果而鬆懈是我們要持續努力的共識及目標。

(八)變革深植學校文化

一項變革要成為一個組織的文化，不是一件容易的事情。基本上沒有十年半載是不易達成的。大有國中近兩年來透過「智慧學校，數位學堂」計畫的執行，雖有初步成果，但是要成為學校文化可能還需要一段時間的努力。但臺灣校長在任期上為 4 年一任，最多僅能再連任一次，最多 8 年的任期限制，要讓大有國中智慧教育真正成為學校的文化仍待努力。學校校長的任期雖有限制，但校長們必須要有一棒接一棒的想法，持續推動智慧教室，讓其成為學校的文化，造福更多的學子。

參、I（Infrastructure and technology support）

「工欲善其事，必先利其器」。大有國中智慧教室的建置分為 2 個階段，第一階段為 2017 年 7 月至 8 月，利用 2 個月的時間，建置七年級 18 間智慧教室，每間教室基本配備為：桌上型電腦一臺、短焦投影機一臺、觸控式電子白板一片、Hi Teach TBL 系統、Hi TA、IRS 即時反饋系統 30 組、實物提示機（七年級教室，後來轉給實驗室及美術教室）、6 片平板電腦及無線網路。在全校共同的設備為：120 片平板電腦（一堂課可提供 20 個班分組上課）、3 臺充電車。

在智慧教室設備建置上有幾點注意事項，分述如下：

一、無限網路優先處理

　　智慧教室系統要能順利運作，除智慧教室系統適切性必須特別留意外，無線網路是否能順暢讓系統運作更是關鍵因素必須做好。多數人會認為只要把智慧教室系統買來就可以順利推動老師在教室的使用。其實不然，有了智慧教室系統後，如果沒有無線網路的配合，就會像是一臺沒有加油的跑車，只是好看而已。大有國中在建置智慧教室之前，由於已先閱讀過相關文獻，並且知道必須要有順暢的無線網路搭配，才能順利運轉智慧教室系統。因此，在整體建置計畫之前，就先請資訊組長檢視學校現有無線網路環境是否足堪負荷。幾經評估，決定全面更新校內無線網路，以每兩間教室裝設一個 AP 的方式，讓每間教室都能同時讓 30 片平板電腦聯線而不會中斷。在無線網路的建置上，大有國中總經費為 117 萬新臺幣。

二、教育局「智慧學校數位學堂」計畫添購軟、硬體設備

　　大有國中全面建置 53 間智慧教室系統，一年當中前前後後共花費一千五百萬元。一千五百萬對於一所中型學校來說是一所學校 2 年的業務費（大有國中 1 年約 710 萬元）。在不排擠學校原有預算的情況之下，惟有透過桃園市政府教育局競爭型計畫的爭取，才能夠順利取得經費建置學校成為智慧校園。2016 年 1 月 28 日當市長於校長會議宣布此計畫時，陳校長即在為撰寫計畫，而蒐集相關資料及評估學校現有環境而努力。在計畫的撰寫上千萬不可以偷懶敷衍，這次競爭型計畫的爭取上，許多學校在本計畫的撰寫上，缺乏自己學校現況的分析，僅參考蒐集到的資料及其他學校的計畫，在未予消化就複製貼上，導致計畫無法符合學校現況，而無法通過。

三、所有設備放在教室，由教師保管（30 萬 / 間），配合嚴密的保全系統

「想好就做，不會就學，有錯就改。」十二字箴言是學校領導者在推動任何計畫必須謹記的。「想好就做」，計畫無法等到百分之百完美才推出執行，而計畫也不可能百分之百的完美，因為計畫永遠趕不上變化，大環境是會不斷變動的。因此，學校領導者必須要有一個基本認知，就是推動學校計畫，一定是採取滾動式的方式逐步修正計畫，讓計畫越來越好。如果期待必須作到百分之百的完整計畫再推出執行，那站在浪頭上的那個人，永遠不會是你。大有國中建置智慧教室系統也是如此，每間教室 30 萬的設備如何確保其妥善及安全，雖在撰寫計畫時有評估過，但當智慧教室設備陸續進到學校之後，我們更進一步思考如何確保這些設備獲得更安全的保護。現有每間教室的 24 小時電子保全及學校校園周邊的 AI 智能警衛將可更確保各教室智慧教室的安全。但 IRS 即時反饋系統如何確保其安全呢？我們決定在每間教室的牆上裝設一個置物櫃，透過置物櫃，確保每間教室智慧教室系統所有物品的安全性。切記！「想好就做，不會就學，有錯就改。」

肆、S（Staff development and training）

學校教師在智慧教室系統使用的培訓工作是非常重要的一環，系統必須「有用，才有用」。要讓老師願意使用，學校對於成員相關的培訓及支持是不可缺少的工作。

一、三層支持系統

智慧教室系統在使用初期，老師一定會遇到許多設備使用上的困擾，學校領導者必須透過計畫，將所有可能的問題予以解決，才能讓老師善用上手。以下分析大有國中如何透過三層支持系統解決智慧教室設備系統使用上的問題。

㈠書面紙本 SOP 使用說明，解決大部分的問題

　　初期使用智慧教室系統一定會有系統使用上的困擾，大有國中在建置智慧教系統時，陳校長請資訊組長與設備廠商共同完成智慧教室系統操作書面紙本說明，從最基本的開機、匯入簡報、IRS 使用、平板電腦使用等等，透過 SOP 紙本資料說明的方式，讓使用者無須專人指導，就能透過書面紙本 SOP 順利上手使用。當老師得以順利上手使用智慧教室系統教學，自然就會增加老師使用智慧教室系統使用的頻率；同樣的，學校資訊組長被詢問的頻率降低，自然也減低工作量，而有更充裕的時間進行其它困難的排除。

㈡資訊小幫手，教會學生成為推動重要關鍵

　　學生為數位科技原民，學生學會數位科技的能力有時可能比老師強上許多。在推動學校智慧教室系統使用上，大有國中資訊組長請各班級指派 2 位學生到合作學習教室（大有國中可錄播及遠距教學的教室），進行智慧教室系統使用的操作說明。為何各班級需要指派 2 位學生學習智慧教室系統的使用呢？原因很簡單，如果只教會班級的一位學生，這位學生壓力頗大，且容易忘記，不利協助老師智慧教室的使用，教會 2 位學生，彼此壓力減低，2 位學生又可以相互討論，解決使用上不會的困擾。最後我們發現，學生真的是數位科技的原民，幾乎班級每一位學生都知道如何透過智慧教室系統進行教學，甚至學生自己在發表作業進行簡報時，也用智慧教室系統進行簡報。學生真的解決減輕老師使用智慧教室系統上的壓力；同時也增加老師使用智慧教室系統的動力；此外，學生使用智慧教室系統進行簡報，也增加了老師的壓力，因為學生也都使用智慧教室系統進行簡報。

㈢資訊組長出馬，最棘手問題自然減少

　　書面紙本資料解決老師大部分使用智慧教室系統的問題；當上課時，學生小幫手又再協助老師排除掉使用上的困擾；相對的，智慧教室系統使用棘手難解的問題自然減少。而這些疑難雜症，最後才會由學校教務處的

資訊組長出馬協助排除。三層支持系統的好處在於透過層層把關，老師大部分使用智慧教室系統的問題可以透過紙本 SOP 及學生小幫手獲得即時的排除，而資訊組長也不會疲於奔命，只需針對少數較難的系統使用問題解決，相對的，老師們願意使用智慧教室系統的比例增加，而資訊組長陣亡的可能性也自然降低。

二、另類三層支持系統：行政支持、學生支持及自己支持。

㈠「有用，才有用」，行政支持老師

　　「有用，才有用。」學校設備採購最擔心教學設備買來後擱置一旁無人使用，最後使用年限一到，隨即報廢，不但可惜，也感到諷刺。因此，當設備採購後，學校行政單位需讓老師知道，行政支持老師盡量使用，用壞了，沒有關係，學校處理。惟有這樣，老師才敢放心使用，提高使用率。

㈡資訊原民很厲害，學生支持老師

　　智慧教室系統的使用，教會學生是非常重要的關鍵因素。學生是數位科技的原民。學校行政必須針對每班學生支持。上課前就幫老師設定系統、老師忘記時，人人都是小助教。而在學生小助教人數的培訓安排上，有一個小技巧必須留意，不可以每一個班級只培訓一名小助教，最少 2 名，原因在於培訓 2 名以上的小助教，在老師遇到需要協助時，2 名小助教可以相互提醒，也比較不會忘記系統的使用。

㈢老師的心態改變，自己支持自己

　　「想好就做、不會就學、有錯就改」十二字箴言是老師使用智慧教室系統必須要有的基本心態。想好就做，勇敢的跨出第一步，不要想說我一定要非常熟練系統的操作，才願意在課堂上使用，畢竟「千里之行，始於足下」；不會就學，老師不是萬能，但是不肯學就萬萬不能，老師需為學生的榜樣，遇到不會的問題，調整心態，哪怕是需要即時向學生小助教請

教協助，也不是甚麼可恥的事情；有錯就改，人非聖賢，孰能無過，最怕的是有錯仍不願改變，在智慧教室系統的使用上，老師都會有屬於自己在智慧教室系統使用的教學模式，當自己的智慧教學模式運用出現問題，或教學出現瓶頸的時候，適時的調整修正，是給學生機會，也是給自己一個學習成長的機會。

三、校長領頭羊的陪伴成長

在智慧教室系統的推動使用上，校長扮演一個非常重要的關鍵腳色。校長必須提供學校老師充足的研習或是工作坊培訓課程；鼓勵老師參與培訓；更重要的是，校長必須陪伴老師一起參與培訓，校長必須讓自己成為學習智慧教室系統的先行者，這樣老師才會願意追隨。

四、三明治培訓成長計畫

在推動智慧教室系統使用上，大有國中採取三明治的培訓成長計畫。基本理念是：研習學習技巧，實作體驗成長，回流深化信仰。相關作法，分述如下：

㈠研習學習技巧

智慧教室系統推動初期，學校必須提供多時段研習的選擇機會，透過落實教師的研習，讓老師理解智慧教室教學對於教師教學成效上的提升以及學生學習成效上的提升，掌握理念後，再透過智慧教室系統學習相關系統的操作使用技巧。

㈡實作體驗成長

「千里之行，始於足下」，「有用，才有用」，老師在學習相關智慧教室系統技術後，最重要的是透過實際授課上的使用，體驗感受學生學習成效的提升，感受學生教室氛圍的改變；再透過教師同儕彼此間的觀課模式，學習同儕教師在不同教學情境下，使用智慧教室系統的技巧；其後，再透過觀課後自己實際的學習體驗，深化智慧教室系統使用技巧，提升學

生學習成效。

(三)回流深化信仰

經由研習及實作兩階段的成長計畫後，最後要經過回流階段，把老師在實作階段所遇到的困難予以解決，透過回流研習，再次進行系統使用技巧的困難排除，藉由回流研習，將智慧教室系統使用的理念再次釐清，並透過參與研習成員彼此間的分享回饋機制，達到見證的成效，進一步強化使用智慧教室系統教學的自信。

綜上所述，智慧教室系統使用的過程如張奕華教授所提的：學習→實作→分享→發表，不斷循環，接受智慧教室教學模式。

五、第一階段種子教師的發芽

大有國中建置智慧教室系統係以七年級 18 個班級優先建置，當時陳校長考量原因在於七年級在教學模式上仍在型塑，對於智慧教室系統在使用的接受度上也會較其他年級的老師來的容易。果然，這群七年級的老師在使用智慧教室系統進行教學後，就回不去了。有些老師紛紛要求希望自己跨年級的八九年級任教班級也能夠建置智慧教室系統。而這群七年級第一階段使用智慧教室教學的老師也確實「種子發芽」，規劃登山計畫，擔任輔導夥伴主動進行專業引領，讓團隊成員學慧智慧教室使用。

六、參加比賽建立教學模式

大有國中建置第一階段 18 間智慧教室系統之後，我們透過 2017 年第二屆兩岸智慧好課堂的參賽，以楊雅婷老師為主，參與培訓計畫，經由不斷的磨課，提煉出以「生本理念」的教學模式，老師經由磨課培養出教學自信，激發出教學的成就。而其他老師也陸續加入智慧好課堂的教師培訓工作，讓種子在大有國中勇敢發芽，陸續開花。

伍、A（Assessment,evaluation and research）

智慧教室系統使用的評鑑，在 i-VISA 是最為困難的部分，因此在評鑑過程中必須特別留意，因不易具體描述。以下以計畫評鑑、系統評鑑及成效評鑑，分述如下：

一、計畫評鑑

大有國中在擬定「智慧學校，數位學堂」計畫時，就已經針對未來計畫執行時須進行質化及量化相關評估的工作做了表列說明（詳見計畫附件）。因此，在執行計畫過程中，領導者必須時時拿出計畫內容，進行檢核工作，檢視計畫執行情況及成效。

二、系統評鑑

「有用，才有用。」智慧教室系統建置完成後，非常重要的就是必須讓老師使用，才能產生教學上的成效。領導者必須整合相關系統設備，確保系統使用的流暢性及維護方便性。藉由系統評鑑就能掌握智慧教室使用的成效。大有國中建置智慧教室系統之後，由於每位老師皆以通過登山計畫的雪山級認證，因此，基本上都會以智慧教室進行教學，就平日巡堂發現，30 個班級平均有 22 個班級使用智慧教室上課，平均使用比例為 69%，就系統的使用率來說是非常高的。

三、成效評鑑

校長的科技領導是會帶動教師專業成長，並引發教師教學上的創新。大有國中自建置智慧學校以來，許多教師透過智慧教室的教學，產生教學模式上的質變。老師們除了以學校提供的 Hi teach TBL 系統進行上課外，許多老師也會自行找一些免費的自由軟體運用在自己的教學現場上。楊雅婷教師主動參加 2017 年兩岸智慧好課堂比賽，擊敗大陸 9 支省級的冠軍隊伍，成為 2017 年的冠軍；許庭毓教師透過學校提供的三星 VR 設備，

並在教育局的支持下，自行創立「虎躍雲端——eMaker 科技實境秀」課程，獲得 2017 年桃園市政府教育局創新教學銀桃獎，並代表桃園市參加 2017 年全國教學卓越獎，而「虎躍雲端——eMaker 科技實境秀」校本課程也獲得 2017 年未來教育「臺灣 100」的入選，並且獲得美國教學創新科技獎 ARVR 銅牌獎；此外，由於大有國中使用智慧教室進行教學，在 2017 年及 2018 年連續兩屆在國中教育會考的成績表現上，在「精熟比例」（國文、數學、英語、社會及自然科，各科答對題數比例在 80% 至 85% 以上）優於全國及桃連區（桃園市及連江縣爲十五個教學區中的一個，稱爲桃連區），而在「待加強比例」（國文、數學、英語、社會及自然科，各科答對題數比例在 40% 以下）皆低於全國及桃連區的表現。藉由上述各項數據的證明，在在說明大有國中透過智慧教室設備的使用，翻轉老師教學上的想法，帶動了老師在教學上的創新。

第六章

智慧學校發展之國際案例

第一節　國際智慧教育政策案例

壹、南韓智慧教育政策

　　南韓的未來的學校將與今天的學校大不相同，配備人工智能和個性化學習工具，學生在學校期間，將參加各種學習活動。例如，在教室的一個角落，學生可以根據自己的個人需求，興趣和學習節奏，使用智慧平板等數位設備進行課程學習；在另一個角落，其他人可能正在探索網際網路上即將發布的內容。在小學和中學，機器輔助教育平臺將使學習者能夠按照自己的進度學習並重複他們正在努力學習的科目、課程或章節。未來，智慧學習將是常態，而教師將扮演顧問、教練和輔導員的角色，幫助學生在未來以更加自我激勵的方式學習（Bak, 2017）。

　　自 2015 開始無紙化教科書的「智慧教育」（smart education），在第一線學校的紙本教科書消失了，取而代之的是數位化教科書的「智慧教育」。南韓政府預計於目前既有的教科書內容上，融合多樣化的參考資料及學習支援機能，開發數位化教科書的使用計畫。數位教科書將可利用 PC、智慧型平板電腦或智慧型 TV 等載具，加以進行閱讀。除此之外，為了支持智慧教育，南韓政府亦將發展網路評量以及個別學生的學習診療體制，一起建構出活用計畫（Advanced Technology Korea, 2011）。Seo（2012）指出，南韓的 SMART 教育（見圖 6-1）的五項學習元素為：自我引導（self-directed, self-initiated）、富有趣味（motivated, with fun）、個別適應（adaptive, customized）、資源豐富（resources, rich resources）以及科技使用（technology embedded, use of ICT）。

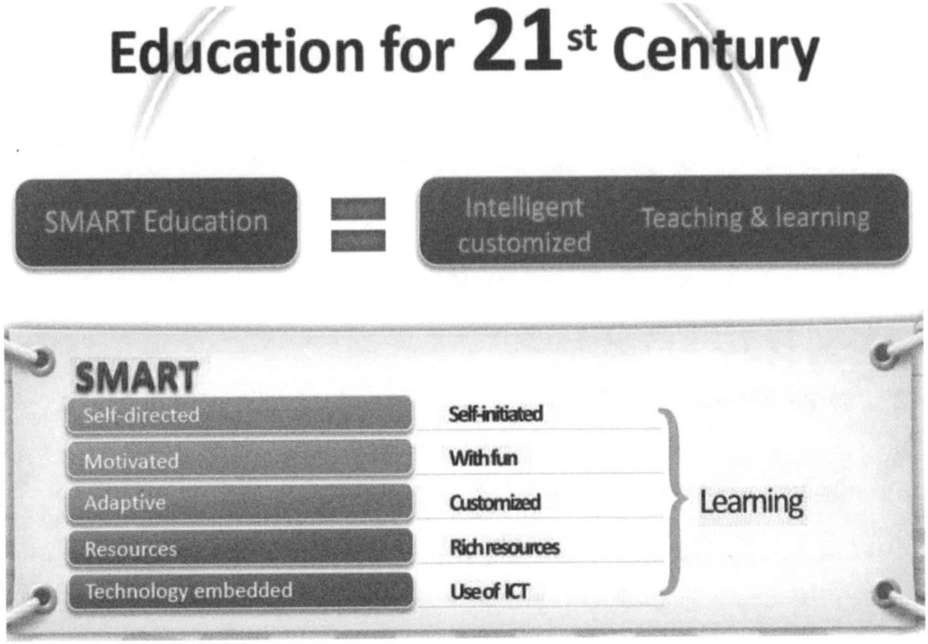

圖 6-1　南韓智慧教育

資料來源：Seo (2012).

　　智慧教育的政策目標係為根據學習者的需求和背景，打造適合的教育包含個人化教育（personalized education）、多元化知識（diverse knowledge, timely knowledge acquisition）以及強化創造力（creativity-enhanced education）（圖6-2）。Seo（2012）進一步指出，南韓智慧教育政策目標在於改變以下三個現況：從以學年為中心的量化（quantitative）評量（準備大學入學考試），轉變成以描述性（descriptive）和質化（qualitative）方式評量學生能力；從紙本教科書汲取有限知識，轉變成擴展多元及創意知識；從以教育中等程度學生的學校，轉變成教育所有學生的學校（圖6-3）。南韓政府在對應智慧教育政策下的智慧教育主要任務，含以下三項（圖6-4）：改革教育系統（reform educational system）、強化教師角色（teachers' role）以及改善學校基礎設施（improve school infrastructure）。

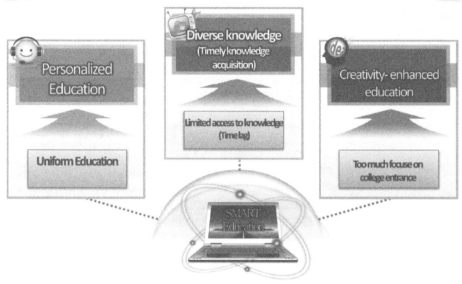

圖 6-2　南韓智慧教育政策目標

資料來源：Seo (2012).

　　在「改革教育系統」方面的主要任務包含：發展數位教科書、促進線上課程與評量、發展教育生態系統內容；在「教師角色」方面，主要的任務為強化教師的能力；在「改善學校基礎設施」方面，主要的任務為奠定教育雲端運算系統的基礎。透過智慧教育，以達到教室翻轉（classroom revolution）的目標。

貳、澳洲智慧教育政策

　　澳洲的教育體系是在工業時期所建構的，傳統的教室建立在單向學習的基礎上，旨在培養學生適應製造業為主的經濟工作，但對現今而言，上述模式是多餘的。現在的澳洲學生，從出生開始接觸數位科技，並在一個經驗與高度知覺刺激的互動環境下學習。有鑑於此，澳洲的課程需在

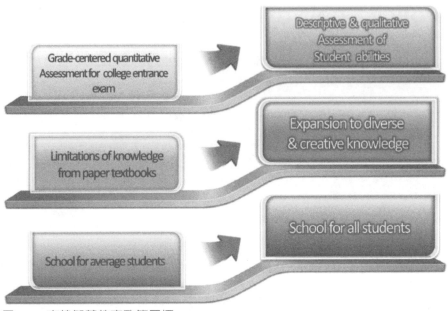

圖 6-3　南韓智慧教育政策目標
資料來源：Seo (2012).

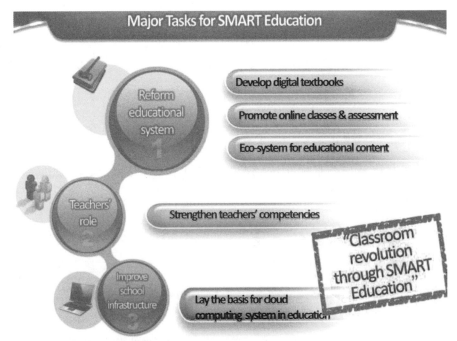

圖 6-4　南韓智慧教育的主要任務
資料來源：Seo (2012).

數位科技的基礎上建立標準，因為學生作業、死記硬背的學習和講課為主的教學都已不再適用。同時，由於行政工作和過程增加了教師的負擔，必須緩解這方面的負擔，以減輕教育工作者的壓力，使他們可以專注於追求卓越。更重要的是，澳洲人需要數位經濟，教育體制需要教會學生這些技能。面對全球化和科技的進步使得技能的需求快速地變化，未來的畢業生在以服務業為基礎的澳洲經濟體系中，將成為知識型的員工。因此，澳洲的教育必須給予學生們足夠的技能，使他們可以適應各種不同的工作環境（IBM, 2013）。

　　澳洲的智慧教育利用互動課程、學習資源，以重新燃起學生對於科學的興趣的計畫和線上學習，進而吸引學生的投入。澳洲智慧教育透過下列方式讓學生投入：在互動的學習環境中彈性學習；透過線上教育網站進入世界一流的數位內容；分享澳洲與世界的數位教學資源。除了致力於讓學生投入學習之外，澳洲的智慧教育亦促進教師及行政人員能夠使用智慧管理、內容共享、新發展工具和教育社群。澳洲智慧教育透過下列方式讓教師及行政人員增能：透過不同的設備提供教育——從電視機到平板、手機、小筆電—超越學校並進入家庭；藉由數位學習檔案，給予學生、教師、父母關切整體進展狀況和需要；提供線上即時測驗與分析；提供國家與國家之間的網絡合作，分享他們的想法和創造新知識（IBM, 2013）。

第二節　南韓智慧教育發展案例

　　南韓積極推動智慧教育，自 2012 年 3 月起由南韓教員大學研擬計畫及課程的發展，政府部門更展現強烈企圖心，於 2012 年 6 月在清州市新成立 6 所學校（幼稚園、國小、國中各 2 所）參與 SMART 教育計畫，免費提供學生可無線上網的平板電腦，讓學生置身於視訊、動畫、虛擬實境等多媒體教學環境。除了教科書之外，包括參考書、字典等都可以納入到數位教科書中，學生透過互動式的學習，以及網路化學習，來消弭不利學生學習的障礙，預計於 2015 年全面推動 SMART 教育發展、研發數位

教科書並全面實施。未來所有小學到高中的學生，都可以利用智慧手機、平板電腦及智慧電視等輔具，閱讀教科書，以減輕學子書包的重量，達到全面 U 化的生活性應用（臺北市政府教育局，2012）。以下針對 SMART 定義、推動智慧教育計畫的南韓教育與研究資訊局（KERIS）、數位教科書的發展以及智慧教育的實例，加以說明。

壹、SMART定義

　　南韓政府於 2011 年公布了「智慧教育」（SMART Education）計畫，將智慧教育定義為智慧和適應的教學和學習系統（intelligent and adaptive teaching and learning system），啟用新的教學方法、課程、評估、教師等，以符合 21 世紀知識型社會之所需；而學習型式是在最佳的通訊環境中整合社會學習（social learning）和適應學習（adaptive learning）。在「智慧教育」計畫中的 SMART，每一個字母均代表智慧教育的概念，亦即字母 S 代表「自我導向」（Self-directed）學習，透過線上的即時學習（just-in-time）促使上課時間更為靈活彈性（圖 6-5）；字母 M 是引起學習動機（Motivated learning）的簡寫，與教育方法有關的學習方式像是合作學習（collaborative learning）和體驗學習（experiential learning），才能引起學生的學習動機；字母 A 代表「適應」學習（Adaptive learning），係指能依據學生能力致力於個人化學習（individualized learning）；字母 R 代表「資源豐富」（Resource-enriched）的學習，與教育內容有關的學習資源，才能支持學生的問題解決能力（技巧）和創造力；字母 T 代表「科技嵌入」（Technology-embedded）的學習，是透過尖端科技來支持學習空間擴展到家庭和社區。綜上所述，智慧教育是通往 21 世紀社會的全面途徑，而不僅限於側重科技導向（Kim, Jung, Lee, Jung, & Seo, 2012）。

　　在圖 6-5 中，「線上在家學習概念」係指「網際網路導向學習服務朝向自我導向學習」（internet-based learning service geared towards self-directed learning），其內涵係為「學生中心」（Student-centered）、「家庭相關」（Home-related）、「線上取向」和「學校課程取向」；除了線

上教師和學生一對一的學習（管理）之外，亦提供和家長（社區）的共同學習服務。而在「線上家庭學習服務」的層面包含「適切能力的自我激勵學習」（level appropriate self-motivated study）、「課程諮詢／問題與解答」（Class counseling/Q&A）、成就測驗（Achievement test）和大學／生涯諮詢（College/career counseling）。

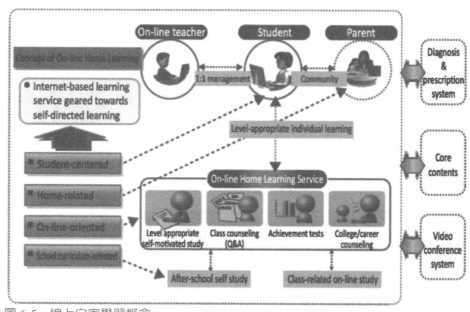

圖 6-5　線上自家學習概念
資料來源：Ashley (2012).

貳、南韓教育與研究資訊局（KERIS）

　　南韓的教育與研究資訊局（Korea Education and Research Information Service，以下簡稱 KERIS）的願景為「專門從事未來研究的 ICT 教育和研究機構」（a specialized institution for ICT in education and research that leads future education），使命為「透過整合資訊通信科技在教育和學術研究中，為國家教育發展做出貢獻」（to contribute to national education development through the integration of ICT in education and academic research）

（KERIS, 2019）。在推動智慧教育計畫的過程中，南韓的 KERIS（圖6-6）（Korea Education and Research Information Service，以下簡稱KERIS）扮演關鍵的角色；KERIS 是依據 KERIS 法案（法律 5,685 號），於 1999 年 4 月 22 日成立。KERIS 整合了韓國多媒體教育中心（KMEC）和韓國研究資訊中心（KRIC）。KERIS 是隸屬南韓教育、科學與科技部底下的一個組織，主要是發展、提議和諮詢目前和未來教育相關的政策和計畫。

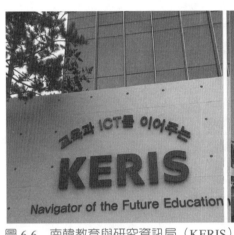

圖 6-6　南韓教育與研究資訊局（KERIS）
資料來源：Wikipedia (2019).

　　KERIS 目前的重點是在發展南韓和海外共同教育系統中的資訊與通訊科技（ICT），並密切與國際組織合作（例如：世界銀行、聯合國教科文組織），以協助其他國家發展或提高自身的資訊與通訊科技（ICT）的基礎設施。除了政策之外，KERIS 提供教育人員和公眾教育服務，例如「全國教育訊息服務」（NEIS）、「研究資訊服務系統」（RISS）、「全國教育服務系統」（EDUNET）以及「韓國開放式課程」（KOCW）。KERIS 的任務如下：透過數位學習支持系統，改善公共教育和人力資源發展的品質；運作和管理「國家教育資訊系統」（NEIS），提供學校行政資訊的使用；運作「全國教學與學習中心」（EDUNET）

和教育資訊服務系統，讓所有的教師、學生和市民能夠近用有價值的教育資訊和經營志願性質的線上學習社群；運作「研究資訊服務系統」（RISS），進行訊息共享服務，以提供近用國內和國外的訊息資源以及全文的出版期刊文章與論文；調查與評估教育學術資訊數位化的現況，並研究和支持發展教育政策的執行等。另外，在教育數位學習（e-Learning in education）方面，KERIS 正參與許多數位學習的研究，試圖強化現有的教育系統；例如 KERIS 現在正在進行一項「無所不在的學習」（ubiquitous-learning, u-learning）課堂（圖 6-7）的研究，讓學生在平板電腦中使用電子教科書，以了解無所不在的學習環境對學習的影響。而「網路家庭學習系統」（The Cyber Home Learning System, CHLS）是一個基於網路的系統，能讓學生在家或在學校之外的地方自學。學生可以依照他們自己的步調配合可以調整的教材，以符合個人的需求（Wikipedia, 2019）。

圖 6-7　無所不在的學習（u-learning）課堂
資料來源：Wikipedia (2019).

參、數位教科書的發展

在韓國教育部的「智慧教育」（smart education）報告中指出，在 2014 年時，小學各科教科書可以完成數位化，到了 2015 年，初中及高中教科書也會完成數位化；未來所有小學到高中的學生，都可以利用智慧手機、平板電腦及智慧電視等，閱讀教科書，減輕學子書包的重量。在此

同時，南韓政府從 2012 年起，每年訓練四分之一的教師，協助教師操作「智慧教育」所需的設備，以配合 2015 年電子教科書的啟用（教育部電子報，2011）。南韓電子書概念（圖 6-8）的內涵，包含字典、多媒體、超連結、資料蒐集、習作手冊等形式；電子書的運作方式包含了連接全國知識庫（national knowledge DB）、連結研究機構的學習資源（learning materials of institutions），並輔以創作工具（authoring tool）、評量工具（evaluation tool）以及學習管理系統（learning management system）。學生透過電子書包的使用，無論是在任何時間、空間，或在學校、家庭，都可以查找資料。電子書亦匯集了先前的教科書、參考文獻、習作、字典的所有內容，並且提供一個包含影片、動畫和虛擬世界的學習環境。此種以學生為中心的教科書，旨在促進學生各種方式的互動，並且允許學生根據自己的需求和程度學習（Seo, 2012）。

肆、智慧教育實例

電子書包（圖 6-9）結合數位教科書的智慧學習（smart learning）與終身學習數位化的效益，可由以下實例更加突顯（Kim, 2012）：

一位五年級小學生 Yu-jin，從來沒有忘記在他的書包帶上平板電腦，這是他上學最不可缺少的設備。平板電腦作為他的課本、筆記本和組織者。開學前，他已透過網路，下載所有必須學習的課程。而他的母親，也幫助他從學校教師的網站，每天下載附加的文本和影片，因此不再需要額外的教科書或學習材料。今天在學校上課時，當教師在教室螢幕上介紹有關恐龍和火山的課程時，他拿出自己的平板電腦，查看數位教科書。放學後，當 Yu-jin 在享受他的點心時，他的母親透過平板電腦，幫助他檢查進度、作業以及預習課程。更重要的是，他可以透過電視在家自學，而不是就讀私人教育機構進行補充學習。Yu-jin 的父母也利用這種科技的優勢練習外語，每天花 30 分鐘，閱讀網路上的學習材料，並且另外花 30 分鐘的時間，透過網路影片與道地的外國人談話。至於 Yu-jin 的祖父母，他們觀看有關安東尼·高第（Antonio Gaudí）以及他終身在建築上成就的

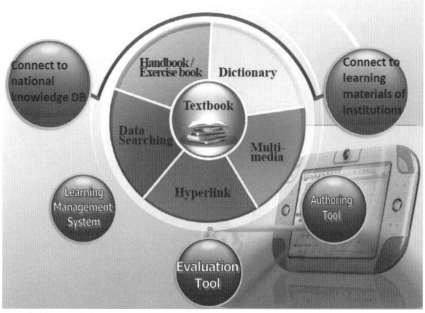

圖 6-8　南韓電子書的概念

資料來源：Seo (2012).

圖 6-9　學生透過平板進行智慧學習

資料來源：Korea IT Times (2012).

電視紀錄片，作爲他們前往西班牙旅遊的準備。

　　教育和雲端計算的結合，掀起了南韓一股改革教育體系的風潮。生活在數位資訊的世界，能讓學生享受智慧教育，不再受到空間或時間的限制。資訊和科技的發展，使智慧教育或智慧學習被理解爲新的教育體系。在數位學習（電子學習）（e-Learning, electronic Learning）、M 學習（移動學習）（m-Learning, mobile Learning）、和 U 學習（無所不在的學習）（u-Learning, ubiquitous Learning）之後，迎接了二十一世紀智慧學習（smart Learning）時代的來臨（Kim, 2012）。

第三節　南韓智慧學校案例

壹、世宗特別自治市Charmsaem小學

　　世宗特別自治市（*Sejong City*）的 Charmsaem 小學係爲韓國的第一所智慧學校，其以良好品行與能力（學生）、愛心與能力（教師）、參與和支持（家長），以及優質教育與夢想學校（學校）四個向度，建構學校的教育社群圖像（圖 6-10）

　　（Charmsaem Elementary School, 2014）。Charmsaem 小學於 2012年三月成立，是南韓所成立的第一所智慧校園，也是一所智慧學校（另有三所：Charmsaem 幼兒園、Hansol 中學、Hansol 高中），南韓政府計畫於 2014 年建立 20 所智慧學校。透過先進的未來教育系統，在教室內使用了 3D 電子黑板、電子講臺、智慧平板電腦、留言板、AP（引自 Choi 和 Lee，2012）。Charmsaem 小學是一所使用智慧載具上課的智慧學校，在課堂上學生們在智慧平板回答問題（圖 6-11）（The Korea Times, 2012）。

　　教室安裝了智慧牆（smart wall），讓學生記錄和分享他們的想法和活動。透過建立雲端運算環境，學習活動可以在教室及家中進行，而不受時空的限制。智慧學校的設備實例包括：必須有手勢識別的地方、虛擬現實體驗館、視聽教室，並包括智慧設備及智慧牆。使用 RFID（無線頻率

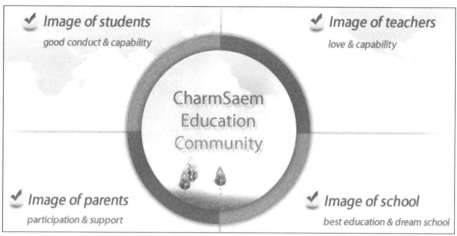

圖 6-10　Charmsaem 教育社群圖像
資料來源：Charmsaem Elementary School (2014).

圖 6-11　在開放訪客觀課的課程中學生在智慧平板上回答問題
資料來源：The Korea Times (2012).

識別）技術，學生的出勤率被即時傳送給家長。當教師在電子黑板上寫下問題，問題也會同時出現在學生的平板電腦上，而學生的回答也會回傳至教室的黑板上；因此，學生可以和全班同學分享解決問題的過程及其他相關資訊。留言板告訴學生校園的活動，以及顯示當天的學術行事曆。手勢識別中心是最受學生歡迎的地方，因為天花板上安裝的感應器可以偵測學生的動作，他們可以在這打籃球或足球及進行其他的活動，當然也可以透過影片課程與姊妹校的學生一起進行課程（Choi & Lee, 2012）。南韓 Charmsaem 小學的智慧校園圖像，進一步介紹如下（Korea It Times, 2012）。

一、校門自動檢測系統

　　每天早上，10 歲的 Seo Jun 到 Mi-rae 小學上課的出席率都是透過校門的自動檢測系統來追蹤（圖 6-12）。系統會根據學生的移動來檢測和追蹤，當他通過校門，他的行蹤會被確認並登錄到學校的伺服器，不需要學生證或指紋辨識，同時這些資訊會傳送簡訊給他的父母親，告知：「Seo Jun 已安全到達」。

二、科技控制溫室農場

　　接著 Seo Jun 前往一座小型農場去檢查他的蕃茄。這個農場看起來像一個普通的溫室，但它配備了最新的科技來控制溫度、濕度、光線及其他影響植物生長的因素（圖 6-13）。Seo Jun 拿著他的智慧平板電腦到他的蕃茄前，電腦顯示螢幕上立即接收到有關土壤條件、溫度和濕度的數據。它提醒他注意濕度，所以他點擊「水」的按鈕來開啟灑水器。另外，Seo Jun 的朋友 Philip，負責照顧小黃瓜。像 Seo Jun 和 Philip 這些的學生在這種最先進的教育領域中獲益匪淺，這項教育結合了現實生活、生態友好的環境和虛擬資訊。透過資訊科技，他們在動手採收番茄的同時，也能控制並管理整個農場。

圖 6-12　校門自動檢測系統

資料來源：The Korea Times (2012).

圖 6-13　科技控制溫室農場

資料來源：The Korea Times (2012).

三、玻璃牆的圓形教室

　　結束後，Seo Jun 的智慧平板電腦接收到「Soo & Saem」課程的提示，他進入一個由玻璃牆作為顯示屏和黑板的圓形教室（圖 6-14）。這些智慧牆可保存和分享學生在教室周圍的活動，且座位沒有視角的限制。在

「Soo & Saem」課程中，Seo Jun 和他的同學們去了阿拉斯加，並將這段旅程作爲虛擬實地考察的一部分。另外他還透過以團隊爲基礎的情境教學和遊戲活動來學習數學，而這樣的課程設計是以文化知識與趣味性爲基礎。

圖 6-14　玻璃牆的圓形教室

資料來源：The Korea Times (2012).

接下來，Seo Jun 的班級開始進行自然課，而今天的主題是海洋生物。Seo Jun 的教師一邊講解，一邊在教室中央使用立體投影（hologram projection）。視覺圖像會吸引學生的注意力，讓他們感受到自己彷彿進入了海中的世界。學生透過虛擬實境與鯨魚和海龜互動來達到觀察學習，提高整體學習效率。在立體經驗（hologram experience）後，Seo Jun 和他的朋友會一起解決難題，並持續參與團體學習。

在課堂中，若學生拿著他們自己的智慧平板電腦，觸碰智慧牆，平板電腦的畫面會迅速地移動到牆壁上，這就是學生與教師和朋友分享訊息的方法。透過這個方法，他們還可以看到其他同學的筆記。智慧牆的功能通常是黑板，但在學生們腦力激盪或合作時就會扮演多種角色，並有各種不同的用途。例如：當教室沒有在上課時，智慧牆就會變成一個可以變換透明度的簾幕，讓教室變成一個可以展示學生作品的地方。

四、智慧平板電腦提供科學的動作分析

下一堂是體育課，Seo Jun 在體育課時利用智慧平板電腦學習如何跳躍（圖 6-15）。智慧平板電腦會提供科學的動作分析，並在每位學生完成跳躍後針對其肢體活動給予回饋。

圖 6-15　智慧平板電腦提供科學的動作分析
資料來源：The Korea Times (2012).

五、平板電腦提供的三明治營養資訊

在午餐時間，Seo Jun 在位於 1 樓的自助食堂用餐。抵達後，「歡迎 Seo Jun」的訊息顯示在管理他的營養和成長的每日菜單建議上（圖 6-16）。他的午餐選項有黑麥／小麥蔬菜三明治、鮪魚蔬菜拌飯或豆類及肉類與蔬菜混合。

他點選黑麥／小麥蔬菜三明治，他的訂單自動透過平板電腦完成，並一併提供三明治的營養資訊。另外，學校會定期為學生進行健康監測，透過一個中央系統，監控人員可找到生病學生的位置，一旦接收到訊息後便會帶他（她）到學校醫務室，另一方面，學校也會透過視訊電話連接到學生的家長並更新他（她）的健康狀況。這樣的學生衛生保健系統是由學校單位所支持的一個教育保健服務，可監控學生、教職員的安全和健康。

圖 6-16　平板電腦提供的三明治營養資訊
資料來源：The Korea Times (2012).

六、「學習諮詢室」與教師交談

　　中午時間，學生可到「學習諮詢室」向教師諮詢（圖 6-17）。由於每位學生都有個人化的學習課程，他們與教師的定期會面可幫助他們整理個人問題，並檢查他們的學習進度。且在課後學習和監控方案的項目中，Seo Jun 會配有一位私人導師。這位導師是住在他家附近的大學生，並會幫助他解決有問題的科目。

　　學校建置可以彈性調整的教室，並全面配置整個社區所需的科技與素材，可以作為課後才藝班、家教等許多用途。比如說，Seo Jun 的媽媽就參加了學校每周一次的繪畫課程。除此之外，比較小的房間、或教室與教室之間的小空地都能舉辦像是教學、演講、展覽、辯論會等活動，將學校中的學習機會最大化。Seo Jun 也可把他的時間花在與朋友遊玩，或在這些區域裡閱讀書本。一封寫著「Seo Jun 在他回家的路上」的訊息傳送到他的父母，並在充滿非凡經驗、有意義的一天後，同時更新 Seo Jun 每日的學習情形和學校生活。資訊科技作為一項有用的工具，已成為能促進所有參與各方的溝通平臺（如學校和家長）。

圖 6-17 「學生諮詢室」與教師交談

資料來源：The Korea Times (2012).

第七章
創建智慧學校標準化程序

第一節　智慧學校的發展向度

　　智慧學校（Smarter School）又稱為智慧校園，是應用科技協助學校運作更自動化、更高效能、更安全、更符合綠色環保的校園。在資訊技術的支持下，智慧校園建設得以逐步展開。智慧校園的建設主要分為智能化管理、智能化環境、智慧「教」與「學」等三大面向。本章主要探討「智慧『教』與『學』」這個面向。發展理想的「智慧學校」，可以在操作環境、教師培訓、課程教法、教材準備和應用範圍等五個向度深耕著力，如圖 7-1，達到全覆蓋的程度，透過系統化改造學校的教與學型態，成為更理想的學校環境。

圖 7-1　發展智慧學校的五個向度

壹、智慧教室全覆蓋

智慧教室是基於現代化教育理念所設計的教學環境，例如：協助教師實現學生中心、小組合作學習、問題導向學習、一對一等現代教育理念。根據銷售統計報告，2013 年底，大陸地區中小學電子白板覆蓋率已經達到 38%，預估到 2017 年，覆蓋率可達到 80%，有高達 640 萬間教室建置有各種形式的電子白板（包含大型觸摸屏、虛擬電子白板等）。換言之，有非常多學校的電子白板數量，已經達到所有教室全覆蓋的成熟環境。

智慧教室全覆蓋是發展智慧學校的第一項指標，在電子白板全覆蓋的學校，教師的教學準備度較高，是比較容易發展成為智慧教室全覆蓋的學校，因此，以電子白板為基礎升級成為智慧教室，是達到智慧教室全覆蓋的好辦法。智慧教室全覆蓋也是發展智慧學校最重要的基礎，有了成熟的操作環境建設，才能充分應用現代化教育理念，逐步實踐智慧學校的發展理想。

理想的智慧教室操作環境，應該包含硬體、軟體和雲端服務等三部分，在智慧教室裡，可以隨時取用雲端的教學資源，而在智慧教室中的教學活動歷程，可以自動儲存到雲端，成為大數據（Big Data）。

以 TEAM Model 智慧學校的基礎架構為例，學校安裝了私有雲（IES 雲端補救學習平臺），與每一間智慧教室（依教學模式需要，可設置班級智慧教室、群組智慧教室或電子書包智慧教室）緊密連結，整合運作，如圖 7-2。

在智慧教室全覆蓋的 TEAM Model 智慧學校裡，每間智慧教室就好像自動連結每一位教師和學生的課堂生態系統，自動生成的海量數據，主要有數位教材、電子筆記、學習歷程、診斷報告和補救影音等五大類，如圖 7-3。

從學校、教師、學生和家長角度來看，學校的課程資源、課務資訊可以很容易連結雲平臺，教師可以隨時取用雲端的數位教材、保存課堂教學歷程，學生和家長可以很便利取得完整的學習檔案，獲得完善的學習支援。TEAM Model 智慧學校的師生運作如圖 7-4。

圖 7-2　雲與端整合的智慧學校環境示意圖

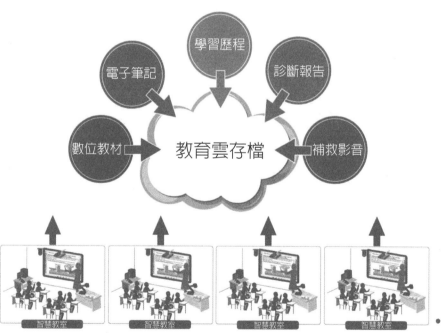

圖 7-3　智慧教室創造的海量數據

・教學教材　・課務資訊
・電子筆記　・班級資訊
・學習歷程　・學習活動
・診斷報告　・瀏覽記錄
・補救影音　・試卷管理

clouDAS
診斷報告

IES
雲端補救學習平臺

學校管理單位
管理及上下載
課務及活動資訊

家長
了解孩子學習狀況

學生
・電子筆記・診斷報告
・學習歷程・補救影音

教師
・上下載教學課件
・指派與批改作業／試卷
・班級診斷報告

課堂中
・教學教材・電子筆記
・診斷報告・補救影音

圖 7-4　TEAM Model 智慧學校的運作

貳、智慧教師全覆蓋

　　要應用科技來促進教育革新，當然需要採購有效能的教學科技設備，但同時要有完善的配套措施，例如：「設備功能」和「教師理念」都要同時到位，任何一項有問題，都可能會影響推行的效果。

　　近幾年來，學校建置的電子白板使用率很低，是政府部門或學校領導最為頭痛的問題，也因此產生到底該不該在教室裡面配置電子白板的疑惑。

要了解教師不使用電子白板的原因並不困難，進行簡單的調查就知道答案了。例如：在一所班班都有電子白板的學校研習活動中，我們使用 IRS 詢問了一些問題，其中三個關於電子白板的問題和統計結果如圖 7-5a，7-5b。

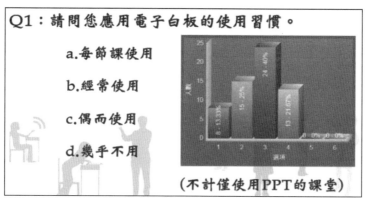

圖 7-5a　電子白板的問題和統計結果

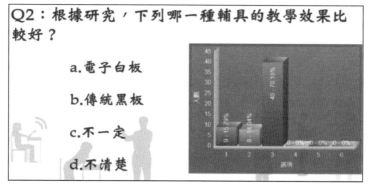

圖 7-5b　電子白板的問題和統計結果

這兩項調查，Q1 的統計結果，說明電子白板使用率確實不高，Q2 統計結果，說明教師們認為使用電子白板和傳統黑板的教學效果差異不大。

換言之，使用電子白板並不能保證提升教學效能，因此，多數教師還是相信自己原來習慣的教學工具——傳統黑板。

這是設備功能問題，也是教師理念問題。僅使用電子白板的確不能創造課堂教與學生態系統的變革，把傳統黑板換成電子白板，教師的教學呈現多媒體化、數位化了，但是並沒有解決一對多的矛盾，也就是師生互動還是非常傳統的。以電子白板為主的多媒體教室存在著服務教學的功能性問題，所以需要升級成為智慧教室，提升設備功能，服務教師的現代教育理念與模式。

「理念先行」是科技服務教育能夠創造價值的關鍵因素。教師必須要有現代化的教育理念，才能應用科技提煉有效能的智慧教室創新教學模式。

透過有系統的教師培訓，培養教師現代化的教育理念與智慧教室操作技能，成為現代智慧教師，達到智慧教師全覆蓋，是發展智慧學校的第二項重要指標。

參、智慧模式全覆蓋

智慧教室創新教學模式簡稱為智慧模式，在每一個學生都有學習載具（IRS、智慧手機、電子書包）的智慧教室裡，可以展現全新的「教」與「學」樣貌，更容易實踐「學生中心」、「小組合作學習」、「自主學習」、「1 對 1 教學」等現代教學理念，這種結合智慧教室的現代化教學模式，可簡稱為「智慧模式」，而在學校的教學系統中，建立一套智慧模式，並有效運用於教學中，是非常重要的關鍵任務。

例如：寧波市江北區惠貞書院，為了推動科技創新教學，2011 年開始導入 TEAM Model 智慧教室，並積極提煉智慧模式，在崔麗霞校長的領導下，於 2012 年 10 月 18 日，發表了「智慧教室教學模式分享手冊」（圖 7-6），建立了應用於新授課和復習課的各式智慧模式，例如：「悅趣激情模式」、「多元互動模式」、「前測助教模式」、「個別補救模式」、「集體補救模式」、「隨機跟進模式」、「評改批注模式」、「成果評鑑模式」、「回放歸整模式」、「全程評量模式」……等。

圖 7-6　智慧教室教學模式分享手冊

　　臺北市立大學附小，建立了「科技與改變～讓思考看得見」為主題
的智慧模式。該校方慧琴校長帶領教學團隊，於 2013 年 5 月 9 日舉辦創
新教學發表會，建立非常豐富的智慧模式，包括「閱思摘要教學模式」、
「問思寫作教學模式」、「激發討論教學模式」、「心智聯想教學模
式」、「心智整合教學模式」、「6E 探究教學模式」、「5E 創作教學模
式」、「合作啟動思考」……等，如圖 7-7。

圖 7-7　臺北市立大學附小智慧模式舉例

　　上述「智慧模式」也許都還有修改和精進之處，而這也就是「提煉」
的真意。先提出模式，然後一再琢磨，以達「爐火純青」境界，所謂「十
年磨一劍」就是這個道理，創新經過考驗，不斷驗證，自然而然成為可複
製、會擴散的智慧模式。

　　創新就是改變規則，智慧模式是否有效應用於各學科、各學年的教

學，取決於「創新」是否能變成學校教學系統的一部分，是否變成標準化流程（SOP）的一部分。

標準化是容易理解的，安排在學校行事曆上的工作項目、活動、評量、檢查等，都是屬於學校流程的一部分。把智慧模式變成教學流程的一部分，形成系統化的教學流程改造。

積極提煉與建立可複製、會擴散的「智慧模式」，應用智慧模式於各教學流程，達到全覆蓋境界，是發展智慧學校的第三項指標。

肆、智慧內容全覆蓋

智慧內容是指應用於智慧教室系統的專屬教材資源，這些教材資源可以和智慧教室系統自動對接，以便智慧教師操作使用。

發展智慧內容是發展智慧學校的艱難挑戰，也是最容易達成的項目。艱難是因為內容供應商，尚未能提供智慧內容，教師必須自行製作智慧內容，或將多媒體教材轉換成為智慧模式適用的智慧內容；容易達成的原因是，只要內容供應商發展出智慧內容，智慧學校就能容易取得智慧內容。

寧波市海曙卓越國際幼兒園是一所非常現代化的幼兒園，每間班級教室裡都建置了 TEAM Model 智慧教室；同時，幼兒園的英語教材是搭配智慧教室應用的智慧內容，讓教師非常方便啟動各種智慧模式，如圖 7-8。

圖 7-8　應用新加坡卓越集團英語「智慧內容」的示範課

伍、智慧服務全覆蓋

應用 ICT 所創造的自動化或智慧性的教與學服務，簡稱為智慧服務。自動化服務已經是我們非常熟悉的名詞，例如：學生申請歷年學習成績，透過網路輸入認證資訊以及符合相關規定，就可以取得歷年成績單，這是最簡易的自動化服務。

在智慧學校發展完成操作環境、教師培訓、課程教法、教材準備等重要指標後，可以再擴大智慧服務的應用範圍，達到智慧服務全覆蓋。「智慧服務全覆蓋」是發展智慧學校的最高理想境界，也是最充滿想像的發展面向。在基於雲計算的 TEAM Model 智慧學校裡的教學、評量、診斷、補救，都可以提供學校、教師、學生、家長更完善的服務，如圖 7-9。

圖 7-9　TEAM Model 四大智慧服務

根據前述的五個智慧學校發展向度，我們可以使用智慧學校發展自評表（表 7-1）來評估學校的發展現況，作為整體發展的參考指標。

第二節　智慧學校的智慧服務

校園裡有了智慧教室，而且隨著建置的數量增加，即可建設成為基於雲計算的智慧教室整合系統，可以有效整合現有教室中的軟硬體教學輔具，升級成為高效能的雲端智慧教室，建構智慧學校。

表 7-1　智慧學校發展自評表

發展向度	自評指標
操作環境（智慧教室全覆蓋）	1. 具備智慧教室設備導入發展的階段性藍圖。 2. 建置班級智慧教室。 3. 建置班級智慧教室與群組智慧教室。 4. 建置班級智慧教室、群組智慧教室與雲端智慧教室。 5. 建置班級智慧教室、群組智慧教室與電子書包智慧教室（每位學生都擁有一個學習終端）。
教師培訓（智慧教師全覆蓋）	1. 擁有熟悉電子白板應用的種子教師 3 位以上，能夠展現生動、互動、主動等三動「教」與「學」模式。 2. 種子教師帶領其他在有電子白板教室上課的教師熟悉應用，掌握智慧教室之軟硬體設備及應用功能，正確、熟練地進行電子白板、實物提示機和學習輔具等設備的操作。 3. 種子教師接受專業的科技服務教育理念培訓，並取得專業證書，能夠展現智慧課堂精確、精緻、精進等三精之「學習洞察力」。 4. 成立智慧教室應用專業社群，辦理工作坊，校內進階應用與擴散。 5. 教師將智慧教室設備應用於新世代的學習共同體、合作學習、一對一教學等教學方法。
課程教法（智慧模式全覆蓋）	1. 傳統講述法融入智慧教室後的互動式教學模式，開始發展智慧模式案例。 2. 種子教師接受智慧教室教學理念專業課程培訓，充分理解發展教學模式的方法，並開始有模式產出。 3. 發展至少 5 種以上智慧模式，並建立標準化教學流程（SOP），嘗試應用於相同單元不同班級，或嘗試應用於不同單元、不同學科。 4. 針對新世代以學生為中心之理念的學習共同體、合作學習、一對一教學等教學方法，發展智慧模式，並複製與擴散應用。 5. 彙整學校發展與常態應用的智慧模式，編輯智慧教室教學模式分享手冊，能夠複製與擴散到校外。
教材準備（智慧內容全覆蓋）	1. 能夠發揮實體素材即時數位化的教學應用，並能夠整合現有數位內容，熟練地應用於智慧教室。 2. 根據智慧教室的提問流程需求，設計智慧教室專屬教材內容，提問的問題設計包含知識點、認知層次等類別考量。 3. 針對新世代以學生為中心之理念的學習共同體、合作學習、一對一教學、PBL 等多元教學方法，搭配智慧教室教學模式設計教材與提問內容。

發展向度	自評指標
應用範圍（智慧服務全覆蓋）	1. 雲平臺能夠提供教師上課所需的教材與學生名單服務。 2. 具備智慧教室上課過程的歷程記錄功能，提供學生課後複習與檢視的服務。 3. 具有自動化的學習診斷分析服務機制，將智慧教室即時反饋的作答紀錄，進一步產生學習診斷分析報告，師生皆可因此調整教與學的步調。 4. 擁有自動網路閱卷系統與雲端大數據平臺的連通機制，充分發揮教與學診斷分析的功能，科學化地解讀報告，調整教學。 5. 針對學習診斷分析報告，提供課後補救的多媒體教材與評量機制。 6. 提供翻轉課堂（flipped classroom）教學模式的應用服務，完整包含課前、課中與課後不同學習階段的需求。 7. 具備智慧型行動載具服務，提供教師、學生、家長更完善、更機動的教與學服務。

智慧學校是基於雲計算，可自動積累大數據（Big Data）的自動化「教」與「學」運作系統。透過 IES 教學服務雲平臺和教室端的 HiTeach 智慧軟體無縫對接，教師只要開啟 HiTeach，登入個人帳號，即可享有所有教學服務雲平臺軟體資源與服務。同時與現有江北教育公共服務平臺實現統一使用者認證，與江北教育雲共用平臺實現資料互通共用。

當每一間智慧教室端與雲平臺整合成為一個完整的「教」與「學」資訊匯流系統，教師的教材、教室端教學過程產出的電子筆記、學生即時互動反饋產生的學習歷程、課堂評量產生的診斷報告以及課堂上所錄下的補救影音等數字資料，自動傳輸到 IES 雲平臺，充分發揮 IES 的五大服務功能，隨時記錄、隨時產出，成為龐大的數據庫（Big Database）。

總括來說，智慧學校實現了課程在雲、教材在雲、使用在端、結果在雲的運作機制。以下根據智慧學校課堂教學、評量、診斷、補救的運作機制，加以說明。

壹、智慧學校的課堂教學服務

在智慧教室上課，教師有如配了一把名劍，讓教師舞出好的教學模式。結合雲端的智慧教室在運作上具有下面六項特色（如圖7-10）：

1. 教室裡的電子白板、實物提示機、IRS即時反饋系統等教學輔具，透過HiTeach互動教學系統即可整合使用，使用時，教師只要開啟HiTeach，登入雲平臺個人帳號，即可取得班級名單資料、選取課堂要使用的教材，教師能夠便利地操作電子白板、IRS等交互式教學輔具，過程中，歷程資料也不斷在累積。

2. 電子筆記自動記錄，教師在智慧教室上課時，電子白板上書寫說明的筆記會逐頁被自動記錄下來，課堂結束時，電子筆記會自動上傳到雲平臺上，成為學生課後閱讀的學習資源。

3. 教師的備課非常有彈性，在任何地點所準備的教材，可以隨時上傳雲平臺，進入智慧教室即可下載開始上課，而且能夠開放給學生瀏覽或與其他教師交流使用，積累雲平臺上的教材資源，教學資源共享，發揮綜效。

4. 課堂外，學生可以透過線上繳交作業、活動評量、線上討論、線上教材閱讀等網路服務功能，使得學生在課前與課後都擁有一個與課堂關聯性極高的平臺資源。

5. 透過雲平臺與課堂的高度連結性，教師可以在平臺上開放學生互評，輔助批改課後作業以及管理各項成績資料。

6. 透過每位學生端的學習載具，不管是電子書包或IRS即時反饋系統，教師都可以要求學生即時反饋訊息，例如：搶權活動、挑人活動、搶答活動、調查活動、淘汰賽活動等，學生在這樣的教學環境下更容易提升專注度。尤其使用電子書包時，可以推送任務給學生，學生也能夠以圖文方式反饋到教師端，教師依據教學需求分享大家的反饋訊息，活化教學。

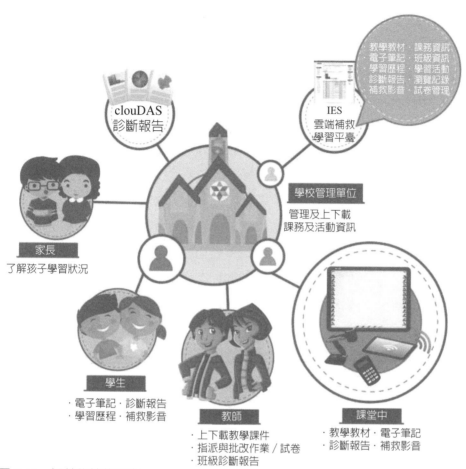

教學教材 · 課務資訊
電子筆記 · 班級資訊
學習歷程 · 學習活動
診斷報告 · 瀏覽記錄
補救影音 · 試卷管理

IES
雲端補救
學習平臺

clouDAS
診斷報告

學校管理單位

管理及上下載
課務及活動資訊

家長

了解孩子學習狀況

學生

· 電子筆記 · 診斷報告
· 學習歷程 · 補救影音

教師

· 上下載教學課件
· 指派與批改作業 / 試卷
· 班級診斷報告

課堂中

· 教學教材 · 電子筆記
· 診斷報告 · 補救影音

圖 7-10　智慧學校的運作

貳、智慧學校的課堂評量服務

　　課堂評量活動是評估與分析教學成效最常使用的方法，在智慧學校的智慧教室裡，課堂評量的運作機制，具有下面五項特色：

1. 要精確地記錄學生的反饋訊息，必須確實對應到課堂上每位學生的資料，在智慧教室裡，HiTeach 智慧軟體所需的學生名單與 IES 雲平臺上的名單一致，教師省去複雜的名單管理。

2. 每位學生擁有個別的學習載具，教師可以隨時實施評量活動。評量的題目非常多元，例如：教師可以在電子白板上寫出題目，所有學生可

立即回答；利用實物提示機，則可以把原來的紙本資料，即時採集到電子白板上，讓學生作答；也可以使用教師熟悉的 PPT 教材，事先在教材上加入題目與正確答案，教學過程中依照教師安排的流程實施評量活動。

3. 每個評量反饋的問題，教師能夠隨時顯示作答的統計結果、歸類學生作答的選項，在教學現場，教師便可以即時依據統計結果與學生們檢討。學生們作答的歷程資料，除了保存在教師端之外，也上傳到 IES 雲平臺，完整記錄與分析學生個人學習歷程。

4. 透過網路協助教師與家長間的溝通。智慧教室所進行的各項評量活動紀錄，透過網路即可自動上傳到平臺上，學生或家長只要登錄平臺帳號，即可看到課堂上活動的詳細結果，例如：課堂活動的題目、哪些題目答錯、正確答案是什麼、該題在全班的通過率是如何……等。

5. 透過雲平臺實施班際競賽活動，學校可以策劃跨班的競賽活動，將活動拉到每一間智慧教室中，每間教室收到競賽活動訊息後，即可進行 IRS 即時反饋系統的評量活動，並將資料自動傳回平臺，系統便會產生活動報表與各項分析，如此，教學活動便可從教室內延伸至教室外的班際互動，帶動不同的教學模式應用。

參、智慧學校的課堂診斷服務

　　有了智慧教室課堂評量活動所產生的數據庫，科學化的學習診斷分析即可搭配進行，透過統計學原理與雲計算技術，產生各種診斷分析報告，讓教師就好像醫生拿到一份健康檢查報告，據以分析解讀。課堂診斷的運作機制，具有下面四項特色（如圖 7-11）：

1. 透過課堂上產生的 IRS 即時反饋統計數據，上傳雲平臺之後，利用雲診斷分析服務，即可產生診斷報告。這份報告除了一般的成績統計、排行、答對率等圖表之外，也包括了學生的學習態度與學習能力的視覺化圖表，幫助教師針對個別學生做個性化的輔導，也能夠幫助教師找出異質試題，作為後續命題參考。

圖 7-11　由智慧教室即時反饋系統到雲計算診斷分析產生報告

2. 校長可以看到學年診斷分析報告，除了可以看到班級的診斷分析報告之外，也包含全學年的分析比較報告，讓校長充分掌握全校各班級的學習成效，並判斷可能的問題點。

3. 在 IES 雲平臺上，學生透過網路登入之後，可以看到自己的診斷分析報告，提供家長與學生該小心或注意的題目，更精確地知道學習的問題點，適時補強。

4. 透過掃描識別技術的網路閱卷系統，也可以與 IES 雲平臺加以整合。將學生紙本作答結果，以掃描器掃描自動閱卷，資料即可上傳雲平臺，積累所有測驗結果的大數據庫，進而進行更多有價值的學習診斷分析參考報告，如圖 7-12。

圖 7-12　結合網路閱卷系統的測驗資料到雲計算診斷分析產生報告

　　以下透過一個運作實例，說明智慧學校的課堂診斷分析應用效益：

　　寧波市江北區惠貞書院擁有較多的智慧教室，目前正在發展班際競賽模式，每月對語文學習進行定期學習健康檢查，該模式是將 HiTeach 所編輯的競賽試題傳送到 IES 雲平臺上，並啟動班際競賽，系統便會發送競賽通知給相關的智慧教室，每個班級即可進行競賽活動，並將結果自動回傳到 IES 平臺上，系統自動統計競賽結果，產生相關的統計分析報告，作為學習診斷的重要參考資料。

　　以這個案例的系統化實施起來，效益分析如下：

1. 產出報告，以某一個年級 10 個班級，300 位學生參加雲端智慧教室學習健康檢查（或競賽），除了產生競賽成績報告外，最重要的量化產出如下：學年學習診斷報告書 1 份、班級學習診斷書 10 份、學生學習診斷分析報告書 300 份，如圖 7-14。

2. 數據與報告全部上傳雲端，建立完整的學習歷程檔案。並提供以下服務：

   (1) 校長、教師、學生、家長均可隨時上雲端查看歷程資料。

   (2) 可提供數據再挖掘與再分析之服務。

   (3) 可作為進行補救教學的科學數據。

圖 7-13　智慧學校系統化改造案例：定期學習健康檢查

3. 可自動化排程整個學期或學年的競賽活動。

4. 可進行自動化之跨校競賽活動。

5. 基於智慧教室之基礎建設，可創造許多高效能教育應用服務，若沒有智慧教室，這些服務是無法實現的。

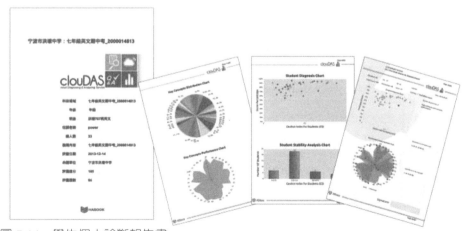

圖 7-14　學生個人診斷報告書

肆、智慧學校的補救教學服務

　　課堂上的教學，學生需要補救的學習狀況不外乎沒聽到（缺課）、沒注意（恍神）、忘記了（遺忘）與真的聽不懂這幾種狀況，透過錄製教師教學過程的影音進行補救（e-reMediation），是最簡單的作法。智慧學校補救教學的運作機制，具有下面四項特色：

1. 在智慧教室中，建置錄製設備與多視埠錄製系統，只要按下 HiTeach 中的按鈕，就能將該堂課的上課過程完整錄製下來，課後，保存下來的影音檔案上傳到 IES 雲平臺，學生便能夠透過網路看到上課的內容，針對沒有聽懂的段落可多看幾遍。

2. 課堂上錄製的過程中，學生可以利用手上的 IRS 即時反饋系統，標記聽懂或不懂、重要或不重要，這些標記會隨著錄製系統一併被記錄下來並上傳至雲端，當學生課後瀏覽影音補救時，即可快速瀏覽自己課堂上所標記的影音。

3. 如果將影音做了適當的智慧標籤，並與雲端診斷分析報告的結果進行連結，學生便可透過診斷分析報告所呈現的學習弱點，直接連結到某個知識點（key concept）的教學內容觀看影音（如圖 5-15），形成智慧型的學習補救機制。

clouDAS 個人診斷報告雷達圖　　　　　　　課堂上錄下的教學影片

圖 7-15　診斷分析報告與影音建立關聯性

4. 根據雲平臺上的學生學習診斷分析報告，教師可以針對不同落點的學生進行不同策略的補救工作，例如：在粗心大意或不專心落點的學生，給予適當的激勵措施與提醒；對於已經很努力，卻還是不懂的落點區域學生，則針對相關的知識點給予特別的教學輔導，這種個性化的補救教學與輔導工具，將有更明確的方法來提升學生的學習成就（圖7-16）。

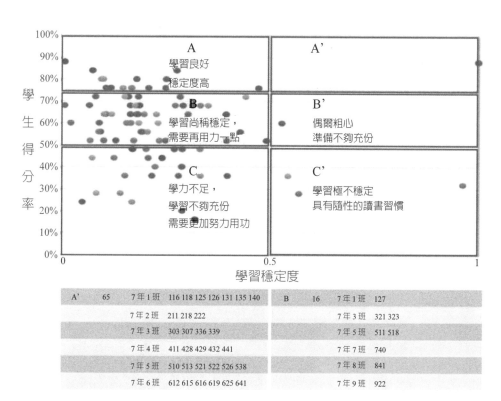

圖 7-16　學生診斷分析圖

A'	65	7 年 1 班	116 118 125 126 131 135 140	B	16	7 年 1 班	127
		7 年 2 班	211 218 222			7 年 3 班	321 323
		7 年 3 班	303 307 336 339			7 年 5 班	511 518
		7 年 4 班	411 428 429 432 441			7 年 7 班	740
		7 年 5 班	510 513 521 522 526 538			7 年 8 班	841
		7 年 6 班	612 615 616 619 625 641			7 年 9 班	922

第八章

智慧學校常見問題Q & A

校長推動及建構智慧學校，經常碰到哪些困難和障礙？如何突破困難、超越障礙，領導學校發展成為更理想的智慧學校？

第一節　智慧學校是導入智慧教學系統的現代化學校

壹、智慧學校是指採用大規模、常態化、系統性導入智慧教學系統的現代化學校，如何解讀大規模、常態化、系統性？

大規模、常態化、系統性，是評估一所學校導入智慧教學系統後，是否發展成為智慧學校的三項重要觀察指標，也是三大發展挑戰，內容如下：一、大規模建置智慧教學系統的教室環境；二、常態化應用智慧教學系統的教師團隊；三、系統性應用智慧教學系統的課程體系。

大規模、常態化、系統性也是發展智慧學校三階段挑戰，大規模建置是挑戰校長的預算能力，常態化應用是挑戰校長帶領教師團隊改變的領導能力，系統性應用是挑戰校長帶學校開發智慧教學課程體系的專業能力，如圖8-1，三項觀察指標相互影響。校長充分發揮預算力、領導力和專業力，導入智慧教學系統，在學校裡大規模建置、常態化應用、系統性課程體系，就能成功翻轉教與學，建設理想智慧學校。

發展智慧型學校是在進行深入考察、論證、實驗、提煉之後的行動計畫，包括考察智慧學校成功案例，論證導入系統的可行性，並進行教學實驗、提煉智慧教學模式等歷程的教育變革研究。

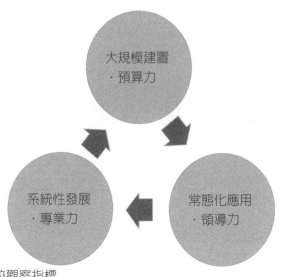

圖 8-1　智慧學校觀察指標

大規模建置智慧教學系統後，首先要面對的是教師團隊的接受度與能力挑戰，包括不願意使用、不會使用、智慧教學理念不足、課程、教學資源不足等問題。因此，分階段、大規模建置系統是常用的建置策略。分群組大規模建置，主有要三種型態：一、優先導入專業社群教師的智慧教學教室；二、優先導入接受度比較高的學科；三、優先導入接受度比較高的學年。

貳、智慧學校有哪些案例

例如新北市北新國小、桃園市大有國中，考量經費和教師團隊接受度，採用方案三，逐年完成全校導入智慧教學系統的大規模建置計畫。隨著全球各地有越來越多智慧學校的成功案例與經驗，也開始有許多學校採用一次性全校導入智慧教學的成功案例，例如：2015 年創辦的成都市銀都紫藤小學，就是在創校初期全校導入的典型成功案例。

常態化應用，本來是天經地義的事情，但是為什麼特別強調常態化應用呢？因為常態化應用是難點，許多大規模導入智慧教學教室的學校，並沒有真正應用起來，只在教學觀摩或公開授課時才使用智慧教學系統，平

時還是使用傳統教學模式，不使用智慧教學系統，也就是沒有眞正意義的常態化應用。教師團隊需要改變原來的教學理念和教學模式，接受新的智慧教學系統理念和模式，才能實現常態化應用，成功翻轉教學模式。以成都市銀都紫藤小學爲例，促進常態化應用的措施，包括專業培訓、技術服務、獎勵制度、智慧教練等四項。

系統性應用，改變傳統教學模式爲智慧教學模式，常態化應用後的新境界。是發展智慧教師，提煉智慧模式，展現智慧課堂的系統性課程應用，例如成都紫藤小學的校本 STEAM 智慧教學課程體系、智慧遊戲課程體系，桃園市大有國中的校本減 C 大作戰模式（預習、教學、評量、診斷、補救）、上杭一中應用於各學科的 533 智慧課堂教學模式，寶雞高新第三小學的心智課堂互動模式等。

大規模建置、常態化應用、系統性應用，是重要觀察指標，也是發展成爲智慧學校的三部曲。

第二節　AI智慧學校和一般學校之差異

壹、AI智慧學校和一般學校有什麼不一樣？

AI 智慧學校，是指充分應用 AI 人工智能教與學服務促進發展的學校。例如醍摩豆智慧教育支持系統，具有 AI 人工智能與教育大數據服務，能有效促進教與學品質和效能的教育科技系統，運用 AI 的智慧學校，可以更高速的發展現代學校。

AI 智慧學校與一般學校有什麼不一樣？AI 人工智能已經普遍應用在士、農、工、商各個領域了，在教育領域的應用怎麼樣？以成都銀都紫藤小學爲例，在全校 36 個班級導入醍摩豆 AI 人工智能與教育大數據服務，實施系統性、大規模、常態化的實驗，採收與教練超過 4,500 堂課，獲得許多珍貴、驚艷的成果，證明 AI 智慧學校的高品質，遠遠超越一般學校的辦學品質。

貳、AI智慧學校成功案例是哪一所？

紫藤 AI 智慧學校，是一所全新、公辦城郊學校，2018 年第四年招生，目前有一、二、三、四年級，學生約一千六百人，全校所有班級導入醍摩豆智慧教室，實施智連環教學法。2017 年 11 月底新增 AI 人工智能蘇格拉底系統，自動採收教學數據、分析數據，進行智慧教研、典藏蘇格拉底課例，形成智慧好學校的正循環與教育正能量。紫藤 AI 智慧學校有三項翻轉教學的絕對優勢，包括高品質智慧教師、高品質智慧教材、高品質智慧課堂等三高優勢。

一、高水平智慧教師

紫藤小學超過 120 位教師，約三分之一是從其他學校轉調的資深教師，約三分之一是從師範院校招聘的新進教師，還有約三分之一是約聘或代課教師。所幸，紫藤小學導入醍摩豆智慧教學系統，並採用 AI 人工智能蘇格拉底系統，就好像幫每一位教師配置 AI 智慧教練，隨時提供教師專業成長反饋數據與精準指導。以三步三環教師專業發展模式，用最短時間協助新進教師培訓和教練成長，也應用蘇格拉底系統典藏資深教師智慧模式，建立校本課程體系。何以證明紫藤小學教師是高品質智慧教師呢？蘇格拉底 AI 智慧教練的數據指數，是最好的見證。紫藤小學的課堂教學，蘇格拉底之 T 科技互動、P 教法應用、C 教材實踐，指數已經達到高水平的綠燈，平均超過 75 分以上，大多數教師的課堂指數穩定在 80-90分。這樣的高品質也超越醍摩豆研究團隊的預期，這是沒有導入 AI 的智慧學校，需要努力 2-3 年，才能達到的智慧課堂境界。

二、高品質智慧教材

共同備課是現代教師專業成長的顯學，各學科領域、學段成立教師專業社群共同備課，共同專業成長、分享智慧，也提高備課品質。紫藤小學，應用 AI 翻轉了共同備課的模式，大大延伸了共同備課的價值。紫藤小學的共同備課，有同課同構和同課異構兩種策略，以同課同構為例，其

發展程序為：共同備課、同構授課、數據分析、智慧教研、校本典藏。共同備課產出的智慧教材，經過各班級同構授課，採收蘇格拉底影片進行數據分析與智慧教研，最後典藏凝聚學科教師智慧的教材、影片、筆記、蘇格拉底報告、TPC 教案等（簡稱為蘇格拉底課例），每一單元都是精心提煉的高品質智慧教材。

三、高質量智慧課堂

紫藤小學在醍摩豆智慧教學系統支持下，在智連環學習理念引領下，進行高互動的生本課堂、團隊合作學習的課堂、因材施教的分組同步差異課堂，成就每一個孩子的群學一對一課堂。其中，最困難的是每一班、普遍高品質，在 2018 年 11 月 23 日，特別到成都觀摩紫藤小學的同課同構品德教育課程〈主題班會課 —— 法律常識〉，週五下午 1:30，紫藤小學班會課時間，所有班級同步班會課，使用醍摩豆智慧教室系統進行班會討論、合作學習等。本週內容是：〈主題班會課 —— 法律常識〉，根據孩子的年齡，每一年級分別進行：共同備課、同構授課、錄製課堂、數據分析。紫藤小學黃敏麗校長親自引導，走訪全校 36 個班級的智慧班會課，看到每一個班級教師都熟練運用智慧教學系統，實地見證了好老師、好教材、好課堂的大規模場景，同行的教育局官員也為之震撼，看見翻轉與創新。

醍摩豆 AI 智慧學校，是高品質智慧教師、高品質智慧教材、高品質智慧課堂，有三高的現代智慧學校。

第三節　評選理想的智慧教學系統

壹、如何評選理想的智慧教學系統？

發展智慧學校，需要編列預算建置智慧教室，更重要的是導入智慧教學系統，翻轉教學。作為學校的領導者，要如何評選理想的智慧教學系統？如果技術專家和教育專家對創新教學見解不同，或執行預算者和教學使用者沒有創新教學共識，往往造成評選系統矛盾，使翻轉教育以失敗收

場。如何評選理想的智慧教學系統，才能實現創新教學翻轉教育呢？祕訣是心想「四」成：成熟、成功、成績、成就，智慧評選，心想事成。

貳、實現創新教學翻轉教育的心想「四」成是什麼？

一、成熟穩定的智慧教學系統

導入智慧教學系統，當然要選擇成熟穩定的。成熟穩定，就是能在教學現場服務各種教學模式，促進教與學的支持系統。採用未經實驗的教學系統、組合拼裝的教學系統，往往會面臨不成熟、不穩定的嚴酷教學創新考驗。教育是百年大業，必須謹慎選擇成熟穩定的系統，而最科學的辦法是考察、論證、試驗，組團考察採用該智慧教學系統的學校、學區，眼見為憑，進一步論證教學系統的成熟度、穩定度、適用度等，最後引入學區、學校進行教學試驗，親自體驗，然後擬訂縝密完善的導入計畫，實現創新教學翻轉教育的目標。

二、成功經驗的智慧教學系統

選擇理想的智慧教學系統，最好具有導入學校的智慧教學成功經驗，系統性、大規模、常態化的成功經驗，包括課程、師資、系統、教材、教法等實施智慧教學的各個面向。選擇智慧教學系統，複製成功經驗，可以縮短導入期，減少導入障礙，加速翻轉。例如已經成功導入醍摩豆智慧教學系統的桃園市，曾在 2016 年，組團前往浙江考察智慧學區、智慧學校，觀摩 2016 第一屆兩岸智慧好課堂邀請賽，詳細研究與分析醍摩豆智慧課堂成果與經驗。桃園市經過兩年多的努力，成功推展智慧學校數位學堂計畫，建置與發展完成數十所智慧學校，取得領先全臺灣的智慧教育亮麗成績，尤其是組織桃園智慧教師戰隊，連續獲得 2017、2018 兩岸智慧好課堂邀請賽冠軍戰隊榮耀，也奠定了桃園發展智慧學校的穩固基礎。圖 8-2 就是桃園市 2018 年打敗 19 個城市，榮獲冠軍戰隊的合影。

圖 8-2　2018 兩岸智慧好課堂邀請賽冠軍戰隊合影

三、成績卓越的智慧教學系統

　　理想的智慧教學系統，是可以提升學生成就與素養的教學系統。然而，驗證創新教學系統有沒有效？有沒有顯著差異？難度比驗證醫學新藥是否有效更困難，常常需耗時 3-6 年，或更長時間的追蹤研究。以醍摩豆智慧教學系統為例，在 20 多年前就開始進行創新教學實驗研究，包括 IRS 智慧教室、電子書包智慧教室等的教學實驗，並取得顯著教學實驗成果，而在一間或幾間教室的實驗成果基礎上，還要更進一步研究全校大規模導入實驗計畫，特別是在中學階段要能證明學生參加高中考試、大學聯考成績卓越，例如桃園市大有國中經過一年半的減 C 大作戰模式的會考成績，福建省上杭縣上杭一中 20 個班級千名學生，經歷三年採用醍摩豆系統和 533 教學模式實驗，證明大學聯考成績卓越。

四、成就發展的智慧教學系統

　　理想的智慧教學系統，最好也是能促進與成就教師專業發展的教育大

數據系統。AI 人工智能技術成熟,應用領域越來越廣,在教與學領域也開始有了初期成果。2016 年底開始進行試驗的醍摩豆 AI 人工智能蘇格拉底教學行為分析系統,已經發展出許多促進教師專業發展應用模式,包括 AI 智慧教練之教師自主專業成長模式、蘇格拉底智慧教研模式等。其中,AI 智慧教練模式就像是飛行員的模擬飛行訓練儀,可以協助教師快速掌握醍摩豆的 T 科技互動、P 教法應用和 C 教材實踐。例如,AI 智慧學校成都銀都紫藤小學的新進教師(2018 年新進教師超過 60 位),僅需 1 個月時間,就可以達到熟練程度,精熟掌握智慧教學的技巧和理念,成就教師專業發展。

評選智慧教學系統,成熟穩定、成功經驗、成績卓越、成就發展,很重要。

第四節 智慧學校和一般學校的公開授課模式

壹、何謂公開授課?

授課是教師天職,而公開授課是提高教學品質,促進教師專業發展的力量。一般公開授課流程包括備課、說課、觀課和議課等四環節,要點如下:

1. 備課:自備、共備。
2. 說課:說學、說教。
3. 觀課:看學、看教。
4. 議課:事實、數據。

公開授課過程要能促進授課者、觀課者和指導者有效交流與專業回饋,這是傳統教室環境下,相對理想的公開授課模式。

貳、智慧學校和一般學校的公開授課模式有什麼不一樣?有數據,更智慧

智慧學校公開授課,用智慧教室進行公開授課,在傳統備課、說課、觀課和議課的教學研討流程中,結合智慧教室之科技應用、數據分析等優

勢，創新觀課、議課的價值。下面以醍摩豆智慧型議課廳為例，智慧教室公開授課新模式：

1. 備課：也是自備、共備。這是基於智慧教室的智慧課堂備課，內容包括科技互動（T）、教法應用（P）和教材實踐（C），要設計出 TPC 三者深度融合的教材、教案（教學活動設計）。

2. 說課：也是說學、說教。說課內容除了教材，也要說明教法如何幫助教材，技術如何助力教法，分析 TPC 三者相互支持，促進學與教的理念。

3. 觀課：看學、看教。充分發揮智慧教室的數據採收功能，採收教師教學行為、學生學習行為，以及觀課者的觀察紀錄（使用同步議課 APP）。

4. 議課：事實、數據。聽課結束，智慧教室也自動產出了 AI 人工智能蘇格拉底影片，包括教學影片、人工智能分析報告、教學行為數據特徵，以及所有觀課者的數位觀課紀錄（就像是聽課聲量表）。這樣就可以一邊播放蘇格拉底影片，一邊進行議課，根據事實、根據數據分析，再進一步把議課內容、總結等資料，記錄到影片中保存下來。典藏這堂公開授課的議課內容，還可以隨時重播、反思、研討，傳承與創新教學研討智慧。

　　圖 8-3 是 2018 年 11 月 15 日，在臺北市立大學附設實驗小學的智慧型議課廳，舉行首屆 2018 大師盃智慧課堂團隊競賽語文賽場，自動生成的 AI 人工智能蘇格拉底影片截圖。這種應用智慧教室自動採收課堂教學行為數據，再根據課堂數據進行教學研討的活動，被稱為智慧教研。這種在智慧教室，運用 AI 人工智能與教育大數據的教學研討，開啟了公開授課的新里程。智慧學校公開授課結合智慧教研，有數據，更智慧。理念相同，效益大不同！

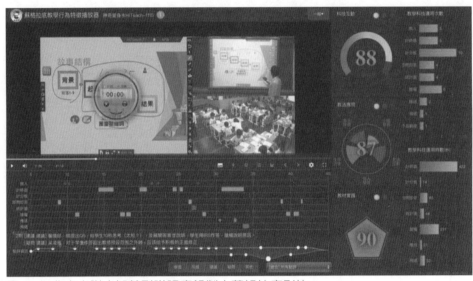

圖 8-3　北市大附小智慧型議課廳錄製之蘇格拉底影片

第五節　智慧課堂和傳統課堂

壹、智慧課堂和傳統課堂有何不同？

　　現代課堂教學模式，可概分爲傳統講授學習（Lecture Based Learning, LBL）、團隊合作學習（Team Based Learning, TBL）、問題導向學習（Problem Based Learning）與一對一學習（One to One）等四大類型。每一類教學模式整合智慧教學系統時，各有其變革與翻轉的重點，也因學校教育理念而有所差異。研究智慧課堂，就是研究資訊融入教學，研究教育教學與資訊科技深度融合。融入、融合，目標都是不要爲了科技而科技，要應用科技於無形，當用則用，充分運用科技的教學支持功能。

　　智慧課堂和傳統課堂最大不同，是增加了科技元素。根據 Mishra 和 Koehler（2006）的 TPCK 科技創新教學模式，智慧課堂必須深度融合新科技（Technology）、新教法（Pedagogy）和新教材（Content）。設計與提煉 TPC 三者深度融合的智慧課堂，是智慧學校的教師專業系統工程，包括發展智慧教師，提煉智慧模式，才能展現智慧課堂，就好像智慧教師是名師，智慧教室是明劍，智慧模式是劍譜，智慧課堂是劍術（張奕華、吳權威，2016）。

貳、如何設計與提煉智慧課堂？

作為專業教師，提煉深度融合科技的智慧課堂，可以從觀摩開始，再逐步提煉、設計，最後能無私分享教學智慧：

一、觀摩

觀摩是最有效的學習方式，實地考察智慧學校、智慧課堂、訪談智慧教師，快速吸收智慧課堂經驗與智慧。當然，拜網路科技之賜，只要在Google 搜尋一下，就可以找到很多智慧課堂教學影片。以醍摩豆智慧教學系統為例，蘇格拉底平臺是全球醍摩豆智慧教育研究院[1]建置的蘇格拉底影片和課例分享平臺，匯聚全球各國家、地區，最精彩、智慧連環的課堂影片，凝聚全球教師專業發展的智慧課堂資源。蘇格拉底平臺具有影片搜尋功能，可搜尋學科領域、學習階段、教法特徵、點評標記等，就像在Google 搜尋資料，YouTube 搜尋影片，快速搜尋要觀摩的影片、課例。

完整課例是蘇格拉底平臺的更大價值所在。蘇格拉底課例，包括 TPC 教案、教材、影片和電子筆記，以及其他課堂相關資源（活動歷程、診斷報告、電子文本……等），完善智慧課堂的智慧，全球各地智慧教師通過這個平臺，分享與傳播智慧課堂的研究成果和發展經驗。

二、設計、提煉與分享

設計教學活動是教師的專業能力表現，但結合科技教學活動設計，則大多數教師都需要重新學習。設計一套整合 TPC 三者的教案表，可以大大提升智慧課堂教學活動設計的品質與效率。例如圖 8-4，是醍摩豆研究院智慧課堂研究專家林欣玫老師的 TPC 教學活動設計表，表中分列 T（科技）、P（教法）、C（教材）的教學設計內容與要點。

---

[1] 全球醍摩豆智慧教育研究院之網址如下：http://www.teammodel.org/index_tw.htm

圓形規律教學設計（同步差異化）

學習領域	數學領域	教學設計	林欣玫
教學對象	高年級	教學時間	40分鐘
教學資源	教學簡報、TBL智慧教室(投影機、電子白板、教師端HiTeach教學系統、每組一台平板電腦搭配HiLearning電子書包學習系統、學生每人一個IRS即時反饋器)		
能力指標	能由生活中常用的數量關係，運用於理解問題並解決問題，並檢驗解題的合理性。		
教學目標	1.透過布題的討論和觀察，將問題簡化並思考解題的方法。 2.透過布題的討論和觀察，從圖示或算式找出規律來解決生活中的應用問題。		

教學模式	教學流程 (P、C)	時間	科技應用 (T)	教學評量 (P、C)
聚焦─看懂圖表心靈相通	一、 **營造氣氛、激發動力**：教師說明活動規則，激發學習動力，營造合作學習氣氛。	2分		能專心聆聽瞭解教師的說明
	二、 **提問回答、引發思考**： (一) 教師提問，請學生思考並記錄計算的過程。 問題：請你觀察下圖，用吸管排出相連的8個三角形共需要幾根吸管？你是怎麼算的？ 回答看看 如果用吸管排出相連的8個三角形共需要幾根吸管？你是怎麼算的？  △▽△ …… (二) 請學生將解題過程記錄下來，且透過IRS作答，依據作答結果，進行下一題差異化教學。 問題：剛才的題目，你是用什麼方法算的呢？ (1) 3+2×(8－1)或3+(2×7)或1+(2×8)	5分	引發思考 即問即答 搜集想法 ↓ 呈現統計 結果	能思考並寫下解題方法 能思考並做出選擇

圖 8-4　TPC 教學活動設計表示例（張奕華、吳權威，2018）

　　練習是提煉智慧好課堂最好的辦法，自主練習、社群練習、公開授課、教研磨課，或更進階的同課同構教研等，不斷提煉與精進，智慧課堂的品質與效率就能不斷提升。運用 AI 人工智能蘇格拉底系統來反饋 TPC 的行為特徵指數，呼應 TPC 教案的設計內容，可以更快速的促進智慧課堂的提煉與優化，如圖 8-5。

參、在哪裡可以找到參考教案和教學影片？

　　智慧教師專業成長途徑是反思、探究、合作、分享，不斷分享就能不

斷傳承與創新。智慧學校搭建分享平臺,鼓勵、獎勵教師分享智慧課堂,是促進智慧學校發展的重要動力。圖 8-6,是蘇格拉底平臺 AI 智慧學校分享頻道,透過分享頻道展現智慧教師教學展現,也促進全球智慧教育的傳承與創新。

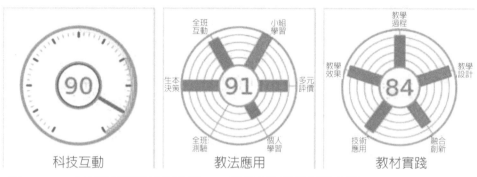

圖 8-5　AI 人工智能蘇格拉底系統 TPC 教學行為特徵指數分析

圖 8-6　智慧學校之智慧課堂分享頻道

北新國小智慧閱讀愛渴力（I-CLEAR）整合推動模式[1]

壹、北新SMART智慧教育學校

新北市北新國小因著時代的趨勢，學校尋求創新發展，自 2013 年初起，組織核心團隊，參與科技創新教學設計，創造生動、互動與主動的三動教學環境；並且透過雲端診斷分析，進行診斷教學與補救教學的 E 化學習洞察力，達成精確、精緻與精進的三精教學成效，北新國小在各領域發展出創新教學模式，實踐智慧教育，藉由科技與課程教學的整合，讓班班都是智慧教室，每節課都是智慧課堂，打造學習型智慧教育學校。

新北市北新國小智慧教育願景，係以 SMART 五個英文字母為首，作為學校發展的願景方向，SMART 五個英文字母之意涵如下：「S」以學生為中心（Student-centered approach），「M」激發學習動機（Motivate Students to Learn）；「A」多元裝置自主學習（Any-device + Anyone、Anytime、Anywhere）；「R」提供環境資源（Resource availability and diversity）、「T」：實踐智慧教育（Technology & Teacher support）。

貳、學校經營創新之理念與作法

新北市北新國小團隊夥伴深知閱讀對學生學習的重要性，自 2012 年起參與教育部課文本位閱讀理解教學，2013 年起推動智慧教育，2014 年起則全校 2 至 6 年級全面推動閱讀理解科技化評量。時至今日，北新國小已實施智慧閱讀超過五年，特此將這三者整合在一起，發展出「智慧閱讀北新愛渴力 I-CLEAR」的整合推動模式，務期透過教師專業成長、教師

---

[1] 本計畫榮獲 2019 BestEducation-KDP 全國特優獎，計畫成員為新北市北新國小曾秀珠校長智慧教育團隊。

共備社群，閱讀評量診斷分析及補救，提升學生閱讀理解能力，奠基自主學習與終身學習的能力。

一、智慧教育閱讀理解整合推動模式

「智慧閱讀北新愛渴力 I-CLEAR」，亦即北新國小智慧教育閱讀理解整合推動模式（如圖附 -1），透過閱讀理解課程（Curriculum）、智慧閱讀社群（Learning community）、閱讀理解評量（Evaluation）、閱讀理解診斷（Assessment diagnosis）、智慧閱讀補救（Remedial Teaching）等實施層面，經過五年來的努力，107 學年度經由北新國小課程發展委員會議通過，正式成為北新國小十二年國教課程綱要校訂課程。北新國小要努力使孩子喜歡閱讀、渴望閱讀，讓閱讀提升孩子的理解力與競爭力。

圖附 -1　智慧教育閱讀理解整合推動模式

二、創新策略

新北市北新國小「智慧閱讀──CLEAR」模式分為五大部分，每部分四個策略，共計 20 個策略，分述如下：

㈠閱讀理解課程（Curriculum）

十二年國教課程所著重的是應用所學於生活的能力，提出三面九項的核心素養，建構素養導向的課程教學與評量，並適性的發展校訂課程。北新國小智慧閱讀的推動，關照閱讀素養、閱讀歷程、閱讀媒材、情境脈絡、閱讀態度（如圖附 -2），並深根融入於領域課程與校訂課程，成為校本課程的課程主軸，在領域課程與校訂課程中皆有實施跨領域的主題性課程。

圖附 -2　閱讀理解課程主軸

1. 北新國小智慧閱讀校訂課程

　　北新國小在校訂課程中，發展出以智慧閱讀為主題的學期課程「智慧地圖、智閱北新、智讀北新」智慧閱讀之課程架構。

2. 智慧閱讀教學

⑴ 綠活故事 e 點通（北新國小二年級為例）

　　從「文本」到「生活」注重「多元媒材」與「基本能力」以「智慧閱讀，北新受渴力 I──CLEAR」北新國小智慧教育閱讀理解整合推動模式為主軸，從故事引導低年級學生智慧閱讀的初步架構，以分享的方式呈現與檢核，奠基之後智慧閱讀融入各領域的能量。此架構包含了識字、詞彙、流暢性、分享和串聯故事重點（如圖附 -3）。

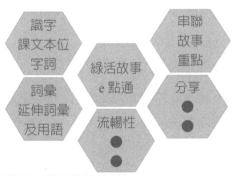

圖附 -3　二年級綠活故事 e 點通教學架構

⑵ 校訂課程智慧閱讀理解教學實例（北新國小四年 4 班爲例）

　　在教學理念上，主要採取統合認知學習策略，以交互教學法爲主，在課程上，主要透過問題思考、討論釐清、發表、自我監控，讓學生在面對問題時，能學習掌握線索，找出問題所在，並運用所學閱讀理解策略，運用方法幫助自己理解。亦即透過問題思考、教學決策、掌握結構、探究文本、討論釐清和發表思考（如圖附 -4）等步驟，進行智慧閱讀理解教學。

【問題思考】➡【教學決策】➡【掌握結構】➡【探究文本】➡【討論釐清】➡【發表思考】

圖附 -4　四年級智慧閱讀理解教學步驟

⑶ 校訂課程智慧閱讀理解教學實例（北新國小六年 12 班夏日童趣爲例）

　　本課程將歷年閱讀理解閱讀測驗考古題爲文本，結合六合法與心智圖做文本分析提升學生分析理解、綜合歸納能力（如圖附 -5）。

圖附 -5　六年級智慧閱讀理解教學模式

　　教學過程中導入智慧科技輔具（IRS），即時回饋特性快速掌握學生學習活動成效，並透過系統分析，給予學生二次學習或現場即時性補救教學（如圖附 -6）。

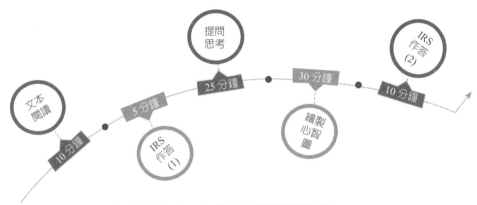

圖附 -6　導入智慧科技輔具（IRS）的智慧閱讀理解教學

(二)智慧閱讀社群（Learning community）

　　以「組織學習」觀點，以教師合作、對話、公開實踐、回饋與支持的實踐組織專業學習。在實務運作上，即透過共同備課、說課、公開授課（觀課）、議課（專業回饋）的智慧閱讀社群課堂實踐成長模式進行閱讀課程及教學設計能力（跨領域統整、議題融入）、命審題與評量、閱讀理解策略應用與科技運用於學生學習之能力。

1. 智慧閱讀社群的專業成長內涵

　　北新國小自 2012 年起參與教育部課文本位閱讀理解教學，2013 年起推動智慧教育，2014 年起則全校 2 至 6 年級全面推動閱讀理解科技化評量。2017 年起將三者整合為一，內涵包含四項基礎及三個階段。

(1) 四項基礎

　　科技教學學科知識、閱讀理解教學知能、教學法的培養和智慧閱讀教學整合力，係為智慧閱讀社群之四項基礎。在「科技教學學科知識」方面，係以 TPCK 為理論基礎（如圖附 -7）；在「閱讀理解教學知能」方面，係以識字教學、詞彙教學、理解教學和理解監控為基礎（如圖附 -8）；在「教學法的培養」方面（如圖附 -9），係以共同備課、觀摩教學（說課、觀課、議課）和發表分享為基礎；在「智慧閱讀教學整合力」方面，係以教師專業發展三層式鷹架（智慧教師、智慧模式、智慧課堂）為基礎。

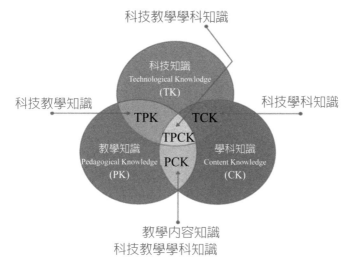

圖附 -7　TPCK 理論基礎

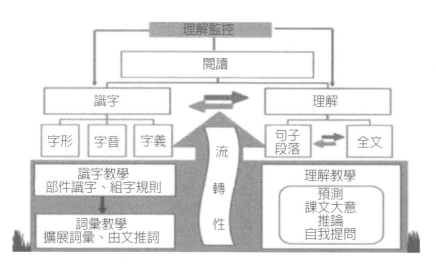

圖附 -8　閱讀理解教學知能
資料來源：Wikipedia (2019).

(2) 三個階段

　　智慧閱讀社群之三個階段包含「閱讀理解評量的命題訓練」、「文本分析與閱讀策略如何扣緊」和「智慧教育閱讀理解教學整合」（圖附 -10）。

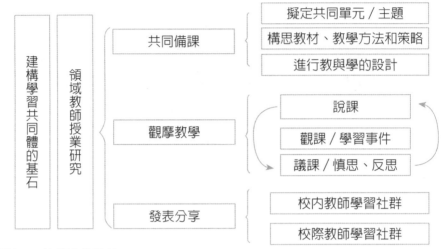

圖附 -9　教學法的培養

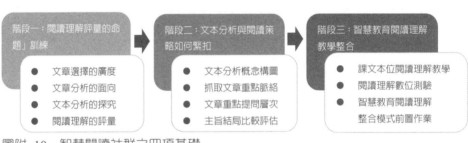

圖附 -10　智慧閱讀社群之四項基礎

2. 組織學習 —— 專業充實 —— 專業擴散 —— 種子擴散推廣專業能力之跨
域遷移

⑴ 種子教師共備與培訓

研發培訓教材及教學方式，作爲擴散種子，促進專業充實基地。

⑵ 學年／領域教師增能

透過組織交流，爲各學年、領域、社群之專業擴散創造有利條件。

3. 智慧閱讀社群課堂實踐成長模式：共備、說課與公開課、議課

透過系統性規劃增能模式、增能內涵、學期性的行事、品保循環運作
模式，同時利用雲端技術，進行知識管理與數據分析。

(三)智慧閱讀評量（Evaluation）

北新國小智慧閱讀著重的素養，包含閱讀歷程、媒材、情境脈絡與閱讀態度，因此，在智慧閱讀評量關鍵在於看見孩子的學習。從文本採擇、命審題型、思考監控、評量回饋與教學調整（如圖附 -11），都環繞著孩子的需求，爲了看見學生的學習，掌握思考的軌跡。北新針對 2 年級至 6 年級每學期期中及期末定期評量加上閱讀理解評量，每學年共實測 4 次，已實施 5 年，集結成閱讀理解測題本（如圖附 -12）。

(四)閱讀理解診斷（Assessment diagnosis）

北新國小校創全國之先，國語領域閱讀理解測驗從出題、專家學者審題、E 化評量，以至於 E 化診斷，達成精進命題品質並有效進行補救教學。

1. 透過 E 化診斷：了解學生學習成長及學習穩定程度狀況，主要分爲全校性、班級性診斷報告（如圖附 -13、表附 -1）和個別診斷報告（如圖附 -14、表附 -2）。

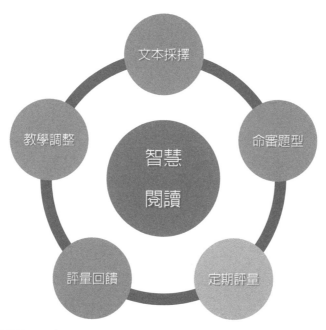

圖附 -11　智慧閱讀評量循環過程

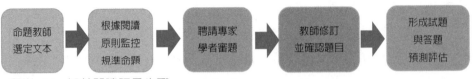

圖附 -12　智慧閱讀評量步驟

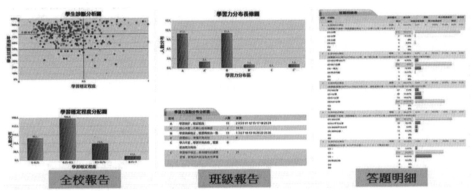

全校報告　　**班級報告**　　**答題明細**

圖附 -13　E 化診斷之全校性、班級性診斷報告

表附 -1　E 化診斷之全校性、班級性診斷報告

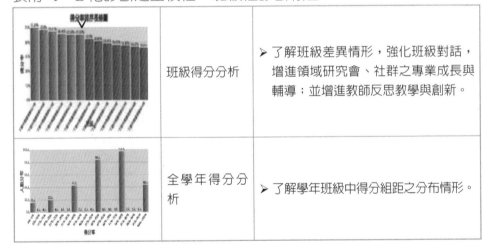

	班級得分分析	➢ 了解班級差異情形，強化班級對話，增進領域研究會、社群之專業成長與輔導；並增進教師反思教學與創新。
	全學年得分分析	➢ 了解學年班級中得分組距之分布情形。

2. 知識點分析及試題品質分析：「知識點落點分析」設定為閱讀理解四層次架構，「認知層次分析」內建認知六層次架構（見表附 -3）；「試題品質分析」可依據試題異常程度和答對學生數百分比，進行題目之修正（見圖附 -15）。

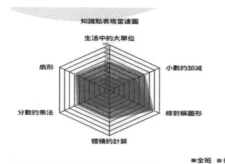

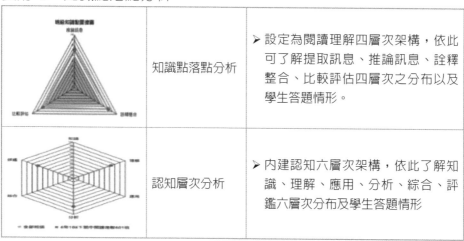

圖附-14　E化診斷之個別診斷報告

表附-2　E化診斷之個別診斷報告

	學生答題與試題分析	➤ 學生答對比率，答題穩定度、學習力落點分布。 ➤ 試題難度分析、試題異常程度、試題落點分析、鑑別度分析

表附-3　知識點落點分析

	知識點落點分析	➤ 設定為閱讀理解四層次架構，依此可了解提取訊息、推論訊息、詮釋整合、比較評估四層次之分布以及學生答題情形。
	認知層次分析	➤ 內建認知六層次架構，依此了解知識、理解、應用、分析、綜合、評鑑六層次分布及學生答題情形

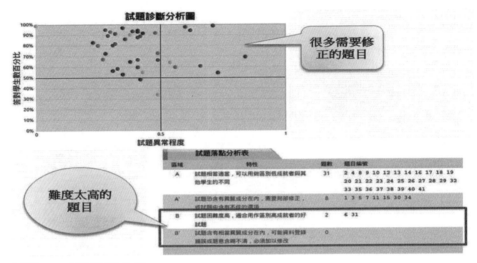

圖附 -15　試題品質分析

3. 研商閱讀理解補救教學及教學改善建議：透過「班級分析報告」，了解得分組距之分布、從知識點與認知層次之試題答對情形、命題與審題機制調整（見表附 -4），提出閱讀理解補救教學及教學改善建議。

表附 -4　透過班級分析報告研商閱讀理解補救教學

A、透過了解得分組距之分布，學年／社群研討班級分析結果，了解班級差異。	B、從知識點與認知層次之試題答對情形，檢視各類之層次教學是否達成高層次目標。	C、命題與審題機制調整；教材規劃及命題關聯。
➤ 學生作答與學習穩定度，迷思概念落點分析，強化穩定度及迷思概念之釐清與實作。	➤ 規劃整體性教師專業成長，以及統一性之適性教學策略與補救教學策略研擬。 ➤ 評估調整教學策略、課程設計。	➤ 規劃聘請專家學者進行輔導文本命題，掌控命題類型認知層次的呈現。 ➤ 提供分析報告，於審題時作為參考依據。

㈤智慧閱讀補救（Remedial teaching）

　　即時性的課堂補救（二次教學）、課後的補教教學其中包含整體性的定期評量。在智慧課堂教學中，補救教學係透過學生學習回饋之評估診

斷，並進行智慧決策，透過討論、合作學習、迷失概念澄清與閱讀理解策略導入等，進行第二次作答與後側。課後教師個人與社群反思與研討，針對智慧閱讀之文本、命審題、思考監控、評量技術等元素檢視，回饋於課程、教材、教法、教學策略修正調整，回到以學生為中心的適性教學與輔導（見圖附 -16）。

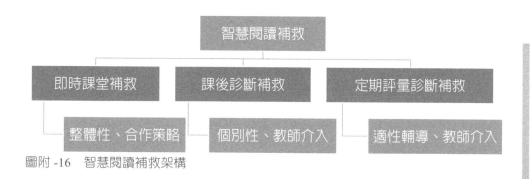

圖附 -16　智慧閱讀補救架構

在「即時課堂補救」方面，係導入合作學習和問思教學（見表附 -5）；在「課後診斷補救」方面，係繪製心智圖和使用智慧教室（見表附 -6）；在「定期評量診斷補救」方面，係運用 E 化診斷，並研議補救方案（見表附 -7）。

表附 -5　即時課堂補救：合作學習（個人／兩兩／分組）及問思教學
　　　　　（閱讀、提問、思考、表達）

表附 -6　課後診斷補救：思考工具（心智圖）及智慧教室（電子書包、
　　　　　IRS）

表附 -7　定期評量診斷補救：定期評量診斷補救（評量分析結果與補救方案研議）

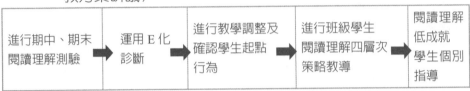

進行期中、期末閱讀理解測驗	→	運用 E 化診斷	→	進行教學調整及確認學生起點行為	→	進行班級學生閱讀理解四層次策略教導	→	閱讀理解低成就學生個別指導

參、結語

　　以學生為中心，了解學生如何「學」，將科技引入教育的智慧課堂當中，透過多元取向引起學生學習動機、讓學生使用任何科技載具接近學習入口、提供豐富的學習資源、科技支持與服務教學和學習、透過診斷工具和雲端服務提供即時的學習評量結果，以及教師以科技創新教學和精進教學，研發智慧閱讀，有效提升學生學習的基本功並且提升學習成效。新北市北新國小願意一起為協力同行，共同探究與分享教育的「最佳實踐」，讓基礎教育與時俱進，孩子更具備未來國際競爭力。

桃園市智慧學校數位學堂方案——
大有國中申請計畫書

附件

編號：○○（請勿填寫）

桃園市智慧學校數位學堂方案

申請計畫書

申請學校：桃園市立大有國民中學

申請日期：中華民國 105 年 2 月 25 日

壹、計畫申請表（□智慧學校　■數位學堂）

學校背景資料			
校名	桃園市立大有國民中學		（行政區：桃園區）
校長	陳家祥	班級數	46 班
承辦人	職稱：資訊組長	學生總人數	1314 人
	姓名：陳志偉	學校電話	03-2613297
	電話分機：213	學校傳真	03-2623298
	e-mail：dylittleway@gmail.com		
學校推動資訊科技融入教學現況	一、本校七、八、九年級教室（共 46 間教室）與專科教室（14 間教室）均配置電腦、單槍及有線網路設備，提供給全校使用。 二、電腦及單槍使用率以社會領域最高，其次為藝術與人文領域與語文領域（國文科及英語科），全校平均每節課約有 30 個班級（46 班）使用資訊設備輔助教學。		
學校教師專業社群發展現況	一、語文領域（國文科）教師專業學習社群（閱讀及新詩創作為主題）。 二、數學領域教師專業學習社群（數學桌遊作為主題）。 三、自然與生活科技領域專業學習社群（電腦-3D 列印課程作為主題）。 四、藝術與人文領域專業學習社群（美術科視覺藝術主題探索課程）。 五、健康與體育領域專業學習社群（IRS 在教學上的運用為主題）。		
預訂實施領域	預計七年級 15 個班級，另規劃美術、音樂專科教室及合作學習教室共 3 間，合計 18 間教室。		
其他特色（至多請列舉 3 項）	一、本校為資訊特色認證學校，全校各班級教室及專科教室均配置電腦、單槍、有線網路環境，80% 以上教師，上課時已常使用資訊設備進行教學，因全體教師已熟悉使用資訊設備輔助教學，全校教師接受使用智慧教室輔助教師的意願高。 二、本校七、八、九年級每週均安排一節電腦課程，規劃有文書軟體、影像處理、3D 繪圖、3D 列印、程式設計、影片剪接、自由軟體等課程。並成立資訊相關社團，共有程式設計社團、機器人設計社團、電腦繪圖社團、中英打社團，上述社團皆利用每週三社團課時間與課餘時間上課。 三、本校提出「2016 年大有國中申請創客教育發展計畫」，期望透過 5 個子計畫執行，讓大有國中成為創客學校，如附件。		

學校資訊設備現況及使用管理	一、規劃建置地點及資訊相關設備配置現況： ㈠建置地點為七年級 15 間班級教室、美術教室 1 間、音樂教室 1 間、合作學習教室 1 間，共計 18 間。 ㈡目前各班級教室皆已配置電腦、單槍及有線網路。 二、設備及資源使用管理： ㈠現有教室電腦與單槍由導師或專科教室使用教室負責保管與使用。 ㈡資訊組提供 2 臺單槍、4 臺筆電、4 臺平板電腦予教師借用。 ㈢設備組提供 2 套即時反饋系統（IRS）與 1 套實物提示機予教師借用。

承辦人　　　　　　　　　單位主管　　　　　　　　校長

貳、計畫內容與經費概算

桃園市立大有國民中學數位學堂實施計畫

一、計畫目標

1. 採取由易而難方式，逐步建置智慧教室各項教學設備，讓老師經由學習、分享、實作及發表等步驟，接受智慧教室教學模式。
2. 藉由智慧教室建置，翻轉教師教學模式，進而提高學生學習成效。
3. 藉由智慧教室建置，改變學生學習模式，提升師生間學習互動機會。

二、實施內容、工作要項及實施策略

㈠實施內容

1. 教師教學模式的改變

　⑴計畫通過之前

　　① 學校行政處室同仁先行透過主管會報及行政會議，進行相關智慧教室資料研讀及廠商智慧教室系統功能介紹，了解智慧教室在教學模式上的改變，自己先認同智慧教室可以改變教學模式的理念後，再進行全面性的教師研習工作。

② 透過課程發展委員會、各領域教學研究會，進行相關智慧教室論文、專題文章彙整之研讀，讓教師對於智慧教室教育理念了解，進而產生教學模式改變之共識。

③ 邀請智慧教室設備廠商及成功典範教學教師團隊到校，由廠商說明智慧教室系統建置功能及操作，由典範教師分享成功改善教學模式之案例。

④ 本校行政團隊、課發會成員、各領域召集人及家長會成員到成功推行智慧教室典範學校進行學習之旅。

⑤ 利用全校性共同備課日機會，規劃智慧教室教學工作坊，讓教師對於智慧教室在教學上的使用，有更進一步認識。

(2) 計畫通過之後

① 各領域教學研究會以專業學習社群（professional learning community）運作，透過主題式共同研發教材教案設計模式，讓領域成員共同參與教案設計，熟悉智慧教室設備使用方法。

② 以現有專業學習社群（PLC）為基礎，透過研讀相關資料→焦點式課程議題討論→領域單元實作→夥伴共同觀課→共同議課分享討論的教師教學模式建立，增進教師對於智慧教室使用認同及熟悉度。

③ 學校家長會以經費挹注方式，鼓勵各領域教學研究會採專業學習社群（PLC）方式運作，研討智慧教室相關教學模式。

④ 資訊組建置創新教學分享平臺，提供教師登錄分享教學資源、建立討論主題、分享教學心得，讓教師利用科技、網路的方式，作為專業學習社群輔助溝通工具。

⑤ 辦理以智慧教室理念之各領域教學觀摩活動，讓教師分享共同備課之成果，了解以智慧教室為理念之教案設計是否符合教學現場之實施。

⑥ 完成各領域教學觀摩後，再辦理智慧教室實施成效工作坊，讓成員進一步釐清智慧教室理念，修正目前做法，導正、堅定理念。

2. 學校硬體設施之改善

　　⑴ 全校無線網路之建置

　　　① 本校平均每 2 間教室配置一個無線基地臺，達到全校所有班級教室、專科教室均擁有無線網路的環境，支援教師使用平板電腦，進行行動分組教學。

　　　② 建立無線認證伺服器，建置全校教師與學生分組活動用無線連線帳號。

　　⑵ 班級教室與專科智慧教室硬體建置

　　　① 建置 15 班與 3 間專科教室智慧教室，每班配置電子白板、實物投影機、IRS 即時反饋系統 9 人版、實物投影機、HiTeach TBL 互動教學系統。

　　　② 購置 40 臺平板電腦與 1 臺充電車，提供教師進行分組討論行動學習使用。

㈡工作要項

1. 教室內設置實物投影機、電子白板、IRS 即時反饋系統等資訊設備。

2. 教室教師用電腦安裝 HiTeach TBL 互動教學系統。

3. 提供 40 臺平板電腦給予教師進行分組教學時小組發表意見時使用，建立平板電腦系統更新、充電維護與管理借用機制。

4. 於校內佈署無線網路基地臺，預計每 2 間教室安裝一臺無線基地臺，提供教室內、外無線網路環境，並架設認證伺服器建立使用帳號。

5. 由各領域召集人擔任種子教師，熟悉系統操作，組成支援團隊，時時提供所屬領域教師諮詢服務，並鼓勵肯定教師組成專業學習社群，方能使本計畫能走得長久。

6. 採取三明治授課方式，步驟 1，先規劃相關研習課程活動，讓教師熟悉智慧教室翻轉教育教學理念；步驟 2，再透過教師實際授課時之操作，彼此觀課紀錄，了解自身使用情況；步驟 3，針對教師使用後之問題，再次給予老師教育訓練機會，並分享授課後的心得成果，輔助教師快速熟悉所有資訊軟硬體操作及強化自信。

7. 架設主機建立創新教學分享平臺及建置教學資源分享平臺。

㈢實施策略

1. 理念釐清原則

　　經由各項會議（行政會議、主管會報、課程發展委員會、教學研究會等）及各種智慧教室研習工作坊機會，向教師說明、傳達智慧教室教學理念及運作方式，讓教師了解、接受及運用智慧教室教學模式。

2. 由易而難原則

　　學校建置智慧教室，初步在使用功能上先以基本操作為主，俟老師熟悉基本操作介面，掌握所有基本功能後，再向教育局逐步申請新增設備計畫，如此可讓教師易於接受教學模式的改變，也不致於浪費教育資源。

3. 學習社群原則

　　教師個別單打獨鬥學習智慧教室翻轉教學非常辛苦，不易持續長久，在推動此計畫時，將採 4 至 6 人為一小組方式進行智慧教室翻轉教學，同儕團體容易相互打氣支持分享，此計畫才能走得長久有效。

4. 討論分享原則

　　透過領域專業學習社群（PLC）的活動，讓成員願意分享，透過創新教學分享平臺建置，讓老師得以建立討論主題，分享教學心得，增加對於智慧教室使用的能力及經驗。

5. 成果激勵原則

　　經由各領域夥伴團隊的成果發表，達到相互學習成效，並獲取教學模式改變上的高峰經驗，激勵成員持續辦理翻轉教育。

三、推動組織

㈠教師教學團隊

　　校長、行政團隊、課程發展委員會成員、各領域召集人、105 學年度本校全體七年級任課教師及自願參加本計畫之教師，為此計畫首波參與之團隊成員。

㈡行政支援團隊

職稱	姓名	職掌業務
總召集人	陳家祥校長	計畫總策畫、督導計畫之實施成效、階段性檢討計畫實施、修正。
執行祕書	張欣欣主任	掌握計畫執行進度、每月召開計畫進度管考會議、擔任行政協調主要角色。
總幹事	王大旭主任	計畫設備採購及協助執行祕書計畫推動、協助行政協調工作。
副總幹事	陳翠萍主任	襄助總幹事計畫推動、行政協調。
副總幹事	俞聖棠主任	襄助總幹事計畫推動、行政協調。
組長	陳志偉組長	本計畫軟、硬體維護、設備保管借用。
組長	李士玲組長	本計畫研習課程規劃、聯絡講師、協調課務等工作。
組長	卓玫冠主任	辦理本設備採購及經費核銷工作。
組員	饒恕寬組長	辦理本設備採購及經費核銷工作。
組員	陳怡樺組長	辦理本設備採購及經費核銷工作。
組員	陳怡君老師	行政協助、排課協助、辦理教學觀摩
組員	康哲豪組長	本計畫推動、協調相關行政事務。

四、發展期程

工作項目	計畫期程								
	4月	5月	6月	7月	8月	9月	10月	11月	12月
建立無線網路環境	▓	▓	▓	▓					
無線網路認證系統建置與測試					▓				
合作學習教室智慧教室設備建置		▓	▓	▓					
七年級教室、音樂、美術教室設備建置				▓	▓				
智慧教室理念與運作方式宣導		▓	▓	▓					
成立教師教學團隊——團隊課程規劃			▓	▓	▓				

工作項目	計畫期程								
	4月	5月	6月	7月	8月	9月	10月	11月	12月
研習規劃與研習課程實施		▓	▓	▓	▓	▓			
課程實施						▓	▓	▓	▓
教學團隊討論與分享							▓	▓	▓
觀課活動							▓	▓	▓
成果報告									▓

五、預期成效

編號	項目	質化描述	量化描述	評量工具	備註
01	智慧教室基本設備逐步建置工作。	一般教室完成安裝 Hi Teach TBL 互動教學系統、實物投影機及 IRS 及時反饋系統各一套。	15 間一般智慧教室建置完成。	總務處完成採購業務，並確實完成財產登記工作。	
02	智慧教室基本設備逐步建置工作。	專科教室完成安裝 Hi Teach TBL 互動教學系統、實物投影機、IRS 及時反饋系統及平板電腦各一套。	1.3 間專科教室完成智慧教室建置。 2.40 臺平板電腦建置完成。	總務處完成採購業務，並確實完成財產登記工作。	
03	智慧教室研習活動	首波參與本計畫之教師能參加本校或他校辦理之智慧教室相關研習活動。	每位參與計畫教師一學年最少參加 4 場次研習活動。	以桃園市教師研習系統紀錄統計或全國教師研習系統統計為依據。	
04	智慧教室教學觀摩活動	首波參與教師，每學年能參加智慧教室教學觀摩活動。	每位參與計畫之教師一學年最少參加 1 場次。	以桃園市教師研習系統紀錄統計或全國教師研習系統統計為依據。	

編號	項目	質化描述	量化描述	評量工具	備註
05	教師使用智慧教室設備	教師能以智慧教室設備進行教學活動。	每位參與計畫之教師一學期最少使用 15 堂課或者三分之一課程皆已智慧教室授課。	由教務處設計紀錄表格,讓教師自我統計,並於計畫執行二分之一時統計掌握。	
06	學生學業學習成效	以七年級學生一學期三次成績評量的結果與去年七年級學生成績做比較對照。	使用智慧教室班級所有學生,該科學習平均成績進步 5 分以上,為達標表現。	學生成績評量表現。	
07	學生小組達次數統計	掌握學生使用智慧教室後,小組討論發表次數。	每堂課小組發表次數 3 次以上為達標表現。	由教務處設計紀錄表格,讓授課教師自我統計教學紀錄。	

六、未來發展與願景

1. 「點、線、面」逐步建置智慧教室:由首波每一位(點)參與智慧教室授課計畫的老師為基點,經由其教學模式改變的亮點呈現,提升學生的學習成效數據提供,透過各領域教學研究會「線」的串聯,全「面」感染另外三分之二的老師願意參與智慧教室的教學計畫。

2. 全面智慧教室的建置:先由七年級教室開始,當首波參與老師都習慣以智慧教室融入教學後,在規劃建設八、九年級班級與其他專科智慧教室,逐步架構全校智慧教室環境。

3. 設備由「基本」而「進階」:掌握由易而難原則,從簡單入手,俟老師接受基本智慧教室設備使用後,於原有基礎之上,再逐步新增設備功能,達到進階版的成效產生。

4. 改變傳統「老師講、學生聽」教學法:期待校內教師利用智慧教室嘗試不同的教學模式,翻轉傳統學習方式,由學生進行小組合作學習、小組探究、專題討論,讓學生體驗到學習的樂趣,建立多元化之學習環境。

大有國中『智慧好課堂』增能研習活動

一、主旨： 1. 增進教師教學效能

2. 提升學生學習興趣

二、對象：大有國中全體教師

三、時間： 1. 固定領域時間，每階段二小時（解說 1 小時，操作檢核 1 小時）。

2. 自學時間，老師可自行研究（超進度），自行找輔導夥伴檢核。

四、期程：分五階段

階段	期程	課程內容（檢核目標）	獎勵時間
虎頭山 （白）	3/6-3/10	1 電腦開機　2 投影機開機　3 開 Hi　4 選班級 5 選模式	三月晨會
陽明山 （黃）	3/6-3/10	1 放大縮小　2 選擇教材　3 教材與 TBL 互換 4 加新頁　5 上下頁	三月晨會
合歡山 （藍）	4/10-4/14	1 選筆（顏色、粗細、寫字）　2 橡皮擦（局部、全部）　3 計時　4 抽人（1 人、多人）　5 放大鏡（放大、移動、縮回）	四月晨會
雪山 （綠）	5/1-5/5	1 IRS 即問即答　2 IRS 即問即答翻牌　3 IRS 即問即答統計　4 搶權　5 再搶一次	五月晨會
玉山 （紅）	資訊組每月跨領域開班	1 計分表（分組名單匯入）　2 手機使用　3 平板使用　4 觸控的校正　5 找到自己需要的工具列	六月校務會議
備註	研習確切時間，可由輔導夥伴及領域老師協商，可提前完成階段檢核，盡早參加摸彩活動。		

五、輔導夥伴

領域	國文	英語	數學	自然	社會	綜合／健體	藝文	平板使用 （跨領域）
輔導夥伴	欣欣	欣欣	大旭	哲豪	雅婷	欣怡	秋錦	志偉

六、獎勵：

1. 每通過一個階段之教師，可領取摸彩券一張。

2. 依顏色投入 5 個不同紙箱（白、黃、藍、綠、紅）

3. 每月晨會，自箱中共抽出 12 張摸彩券，每人頒發 100 元獎勵金。

4. 每月抽獎張數分配

月份	3 月	4 月	5 月	6 月
數量	白 4 黃 4 藍 2 綠 1 紅 1	黃 4 藍 4 綠 2 紅 2	黃 2 藍 4 綠 4 紅 2	藍 2 綠 5 紅 5

5. 如領域通過『雪山級』達 80%，則期末將頒發『團體獎』。

　　如領域通過『雪山級』達 100%，則期末將頒發『精神總錦標』。

6. 期末已完成玉山級之老師，可參加『終極摸彩』，獎品為【手機一支】。

參考文獻

尤嘉禾（2012）。ZigBee 技術下的智慧化環境監控。取自 https://www.digi-times.com.tw/iot/article.asp?cat=130&cat1=50&cat2=10&id=0000280359_8id2nc7g61lhq38tqj9xy

甘嘉雯（2016a）。大有國中改造數位教室翻轉教學成效佳——智慧學堂動動腦，上課變有趣。聯合報，B2 版。

甘嘉雯（2016b）。大有國中 VR 實境　相會梵谷。聯合報，B2 版。

甘嘉雯（2017）。學子扮柯南　校園內玩密室逃脫。聯合報，A13 版。

甘嘉雯（2018）。實境教學　榮獲全球教育創新競賽銅牌——ARVR 探虎頭山　大有國中爭光。聯合報，A15 版。

江哲銘、陳星皓、潘智謙（2009）。永續校園實質環境評估指標之研究——以臺灣國民小學為例。建築學報，67，1-23。

百度百科（2019）。AMI（環境智能）。取自 https://baike.baidu.com/item/AMI/13006218

吳清山（2018）。幸福教育的實踐。臺北市：高等教育。

吳清山、林天祐（2001）。教學領導。教育資料與研究，43，121。

吳清山、林天祐（2002）。願景領導。教育研究月刊，101，130-130。

吳清山、林天祐（2005）。趨勢領導。教育研究月刊，133，156-156。

吳清山、林天祐（2006）。科技領導。教育研究月刊，71，195-196。

吳清山、林天祐（2012）。學習領導。教育研究月刊，217，139-140。

李開復、王詠剛（2017）。人工智慧來了。臺北市：天下文化。

孟珈卉（2018）。校長科技領導與學校效能關係之研究：後設分析之應用。國立政治大學教育行政與政策研究所碩士論文（未出版），臺北市。

林文律（2018）。主編序。輯於林文律（主編），學校經營的實踐智慧（v-viii 頁）。臺北市：學富文化。

林俊宏（譯）（2014）。大數據教育篇：教學與學習的未來趨勢。麥爾荀伯格和庫基耶（著）。臺北市：天下文化。

林進山（2016）。建構智慧校園永續發展的實務探究。智慧校園暨教育創新國際研討會特刊，1(3)，1-12。

林進山（2018）。詩性智慧創建辦學績效的經營思路。輯於林文律（主編），學校經營的實踐智慧（395-420 頁）。臺北市：學富文化。

紅網（2017）。人工智慧系統下的精準教育。取自 https://read01.com/5ajN3B.html

珠海容閎學校（2018）。未來已來智教先行容閎有道。取自 http://www.rh-school.cn/xxb/DetailedArticle.aspx?aId=2350&coId=131

秦夢群（2010）。教育領導理論與應用。臺北市：五南。

秦夢群（2011）。教育領導理論與應用。臺北：五南。

秦夢群、張奕華（2006）。校長科技領導層面與實施現況之研究。教育與心理研究，29(1)，1-27。

翁崇文（2015）。「翻轉」教育在「翻轉」什麼。臺灣教育評論月刊，4(2)，99-100

張子超（2007）。建構政府部門環境教育指標之研究。環境教育研究，4(2)，1-21。

張自立、辛懷梓、王美文（2013）。邁向永續校園發展成功之路：一位傑出國小總務主任的經驗與啟示。臺中教育大學學報：教育類，27(2)，51-75。

張明輝（2005）。永續領導與學校經營。臺灣教育，635，8-12。

張奕華（2006）。科技領導理論基礎與培訓課程範例。教育研究月刊，150，59-74。

張奕華（2007）。學校科技領導與管理：理論及實務。臺北市：高等教育。

張奕華（2010）。學校科技領導與管理——理論及實務。臺北市：高等教育。

張奕華（2013）。智慧教育與智慧學校理念，中國資訊技術教育，170，15-17。

張奕華、吳怡佳（2008）校長科技領導與教師教學效能關係之研究。教育研究與發展，4(1)，171-173。

張奕華、吳權威（2014）。智慧教育：理念與實踐。臺北市：網奕資訊科技。

張奕華、吳權威（2015）。智慧教育之教師專業發展理念與案例。2015全球科技領導與教學科技高峰論壇。

張奕華、吳權威（2016）。智慧教育之教師專業發展理念與案例（第一版）。臺北市：網奕資訊科技。

張奕華、吳權威（2018）。智慧教育之教師專業發展理念與案例（第二版）。臺北市：網奕資訊科技。

張奕華、林光媚（2017）。臺北市國民小學智慧校園指標及權重體系建構之研究。教育行政與評鑑學刊，22，49-80。

張奕華、張敏章（2009）。數位時代中提升學校效能新途徑：科技領導與

DDDM 模式。教育研究月刊，188，112-122。

張奕華、劉林榮（2016）。南港國小等智慧校園導入驗證。經濟部智慧校園產業推動規畫建立示範學校專案計畫成果報告。

張奕華、蕭霖、許正妹（2007）。學校科技領導向度與指標發展之研究。教育政策論壇，10(1)，161-187。

張奕財（2018）。智慧學校校長科技領導、教師專業發展與創新經營效能關係之研究。國立政治大學教育學系博士論文，未出版，臺北市。

張德銳（2015）。學習領導在教學輔導教師制度中的發展與實踐。市北教育學刊，52，1-20。

郭靜芝（2018）。打造 AI 智慧學校。取自 https://www.chinatimes.com/newspapers/20181128000619-260210

陳永昌（2003）。綠色大學評量指標系統之建構研究。國立高雄師範大學環境教育研究所碩士論文（未出版），高雄市。

陳彥宏（2018）。華人地區中小學校長科技領導 i-VISA 指標建構之研究。國立政治大學教育行政與政策研究所碩士論文（未出版），臺北市。

陳昀（2016）。大有智慧助教　數學課變有趣。自由時報，A13 版。

陳昀（2017）。國中上童軍課　大玩密室逃脫。自由時報，A13 版。

智庫百科（2018）。團隊領導。取自 https://wiki.mbalib.com/zh-tw/%E5%9B%A2%E9%98%9F%E9%A2%86%E5%AF%BC

葉連祺（2003）。科技領導。教育研究月刊，112，151-152。

董保城、秦夢群（2011）。我國公立中小學學校教師定期異動制度可行性之研究研究報告。國家教育研究院。

臺北市教師研習中心（2018）。2018 兩岸城市教育論壇——教育創新 × 智慧領導 × 實驗教育實施計畫。取自 http://www.hhjh.tp.edu.tw/mediafile/1564/news/106/2018-11/2018-11-16-10-7-47-nfl.pdf

臺灣科技領導與教學科技發展協會（2018）。TEAM Model's Tree of Smarter Education。智慧教育年刊，2018-2019，109。

數位時代（2018）。翻轉傳統教育，打造 AI 智慧學校。取自 https://www.bnext.com.tw/article/51364/habook

鄭崇趁（2018）。教育 4.0 新五倫、智慧創客學校。新北市：心理。

網奕資訊科技集團（2017）。醍摩豆（TEAM Model）智慧課堂教學行為資料分析。

出版：網奕資訊

Anderson, R. E., & Dexter, S. L. (2000). *School technology leadership: Incidence and impact*. Retrieved from http://eric.ed.gov/ERICDocs

Anderson, R. E., & Dexter, S. (2005). School technology leadership: An empirical investigation of prevalence and effect. *Educational Administration Quarterly, 41*(1), 49-82.

Aten, B. M. (1996). *An analysis of the nature of educational technology leadership in California's SB 1274 restructuring schools*. Unpublished doctoral dissertation, University of San Francisco, California.

Bailey, G, D. (1996). Technology leadership: Ten essential buttons for understanding technology integration in the 21st century. *Educational Considerations: 23*(2), 1-5. doi.org/10.4148/0146-9282.1425

Bailey, G. D., & Lumley, D. (1994). T*echnology staff development programs. A leadership sourcebook for school administrators*. New York, NY: Scholastic.

Barbara, C. S., & Wasser, J. D. (1999). *Leadership in learning environment*. Retrieved from http://modelschools.terc.edu/ TEMPLATE/Publications/ PDF/Leadership-EdTech1999.pdf

Chang, I. (2002). *Assessing principals' leadership in implementing educational technology policies: An application of structural equation modeling*. Unpublished doctoral dissertation, University of Missouri-Columbia.

Chang, I. (2003). Assessing the dimensions of principals' effective technology leadership: An application of structural equation modeling. *Educational Policy Forum, 6*(1), 111-141.

Chang, I., Chin, J. M., & Hsu, C. (2008). Teachers' perceptions of the dimensions and implementation of technology leadership of principals in Taiwanese elementary schools. *Journal of Educational Technology & Society, 11*(4), 229-245.

Cheng, Y. C. (2002). The principal and practice of educational management. *Leadership and Strategy*, 2(4), 51-66.

Charmsaem Elementary School (2014). *Educational objectives*. Retrieved from http://charmsaem.sjedues.kr/attachfiles/papers/charmsaem_eng/

index.html

Cory, S. (1990). Can your district become an instructional technology leader? *The School Administrator, Special issue,* 17-19.

Creighton, T. (2003). *The principal as technology leadership.* Thousand Oaks, CA: Sage.

Ertmer, P. A. (2002). *Online professional development: Building administrators' capacity for technology leadership.* Retrieved November26, 2006, from http://www2.edci.purdue.edu/ertmer/main_conf.htm

Flanagan, L., & Jacobsen, M. (2003). Technology leadership for the twenty-first century principal. *Journal of Educational Administration, 41*(2), 124-142.

Ford, J. I. (2000). *Identifying technology leadership competencies for Nebraska's K-12 technology leaders.* Unpublished doctoral dissertation, University of Nebraska- Lincoln.

Inkster, C. D. (1998). *Technology leadership in elementary school principals: A comparative case study.* Unpublished doctoral dissertation, University of Minnesota.

International Society for Technology in Education (2019). *The ISTE Standards for Education Leaders.* Retrieved from https://www.iste.org/standards/for-education-leaders

ISTE (1998). *Curriculum guidelines for accreditation of educational computing and technology progress: A polio preparation manual* (third edition). Eugene, OR: The Author.

ISTE (2001). *Role-specific technology leadership tasks: Principal DRAFT v4.0.* Retrieved from http://cnets.iste.org/tssa/printaskprofile.html

Kearsley, G., & Lynch, W. (1994). Educational leadership in the age of technology: The new skills. In G. Kearsley & W. Lynch (Eds), *Educational technology: Leadership perspectives* (pp. 5-17). Englewood Cliffs, NJ: Educational Technology.

Kline, J. J. (1993). *A comparative analysis of selected educational technology competencies regarded as important for the integration of technology in the public schools of Pennsylvania.* Unpublished doctoral dissertation, Lehigh University.

LugoSantiago, J. A. (2018). *Smart leadership for smart city success*. Retrieved from https://www.smartcitiesworld.net/opinions/opinions/smart-leadership-for-smart-city-success

Moyle, K. (2005). *Leadership and learning with information and communication technologies*, teaching Australia, Canberra ACT. Retrieved 2006, March 3, from http://www.teachingaustralia.edu.au/home/What%20 we%20are%20saying/leader
ship_and_learning_with_ict.pdf

Moursund, D. (1992). *The technology coordinator. Eugene*, OR: International Society for Technology in Education.

Murphy, D. T., & Gunter, G. A. (1997). Technology integration: The importance of administrative supports. *Educational Media International, 34*(3), 136-139.

Ray, D. (1992). Educational technology leadership for the age of restructuring. *The Computing Teacher, 19*(6), 8-14.

Robbins, S. P. (2001). *Organizational behavior*. Upper Saddle River, JJ:Prentice-Hall.

Schmeltzer, T. (2001). *Training administrators to be technology leaders*. Retrieved from http://www.techlearning .com/db_area/archives/TL/200106/training.html

Speed, C., & Brown, M. (2001). *Technology leadership in education*. Retrieved from http://imet.csus.edu/imet1/speed/showcase.htm

Thannimalai, R., & Raman, A. (2018). The influence of principals' technology leadership and professional development on teachers' technology integration in secondary schools. *Malaysian Journal of Learning and Instruction, 15*(1), 203-228.

Zaccaroa, S. J., Rittmana, A.L., & Marksb, M. A. (2001). Team leadership. *The Leadership Quarterly, 12*, 451-483.

Wikipedia (2019). *Technological pedagogical content knowledge*. Retrieved from https://en.wikipedia.org/wiki/Technological_pedagogical_content_knowledge

Note

Note

國家圖書館出版品預行編目資料

智慧學校校長科技領導：理論實務與案例／張
奕華著. -- 初版. -- 臺北市：五南圖書出
版股份有限公司, 2020.02
　　面；　公分
　　ISBN 978-957-763-747-5（平裝）

1.教學科技　2.數位學習

521.53　　　　　　　　　　108018367

1IGC 五南當代學術叢刊048

智慧學校校長科技領導
理論實務與案例

作　　者 ─ 張奕華、吳權威、曾秀珠、張奕財、陳家祥

發 行 人 ─ 楊榮川

總 經 理 ─ 楊士清

總 編 輯 ─ 楊秀麗

副總編輯 ─ 黃惠娟

責任編輯 ─ 高雅婷

校　　對 ─ 蘇禹璇

封面設計 ─ 王麗娟

出 版 者 ─ 五南圖書出版股份有限公司

地　　址：106台北市大安區和平東路二段339號4樓

電　　話：(02)2705-5066　　傳　　真：(02)2706-6100

網　　址：https://www.wunan.com.tw

電子郵件：wunan@wunan.com.tw

劃撥帳號：01068953

戶　　名：五南圖書出版股份有限公司

法律顧問　林勝安律師事務所　林勝安律師

出版日期　2020年 2 月初版一刷
　　　　　2022年11月初版四刷

定　　價　新臺幣320元

※版權所有‧欲利用本書內容，必須徵求本公司同意※

全新官方臉書

五南讀書趣

WUNAN Books since1966

Facebook 按讚

1秒變文青

五南讀書趣 Wunan Books

★ 專業實用有趣
★ 搶先書籍開箱
★ 獨家優惠好康

不定期舉辦抽獎
贈書活動喔！！！

經典永恆・名著常在

五十週年的獻禮——經典名著文庫

五南，五十年了，半個世紀，人生旅程的一大半，走過來了。

思索著，邁向百年的未來歷程，能為知識界、文化學術界作些什麼？

在速食文化的生態下，有什麼值得讓人雋永品味的？

歷代經典・當今名著，經過時間的洗禮，千錘百鍊，流傳至今，光芒耀人；

不僅使我們能領悟前人的智慧，同時也增深加廣我們思考的深度與視野。

我們決心投入巨資，有計畫的系統梳選，成立「經典名著文庫」，

希望收入古今中外思想性的、充滿睿智與獨見的經典、名著。

這是一項理想性的、永續性的巨大出版工程。

不在意讀者的眾寡，只考慮它的學術價值，力求完整展現先哲思想的軌跡；

為知識界開啟一片智慧之窗，營造一座百花綻放的世界文明公園，

任君遨遊、取菁吸蜜、嘉惠學子！